会计电算化

畅捷通T3云财务

陈伟清 主编

清华大学出版社
北京

内 容 简 介

《会计电算化——畅捷通T3云财务》是智能财务人才培养系列教材之一，是为高职高专院校、各类成人院校和其他各类职业学校财经类专业编写的教材。本书从会计软件的应用出发，阐述了会计电算化的基本知识，软件应用部分以《小企业会计准则》为依据，按照教育部颁布的"会计电算化"课程教学大纲的要求，以畅捷通T3云财务为蓝本，以会计电算化的工作过程为主线，介绍会计电算化岗位的基本操作知识与技能。

本书内容分为两个部分，其中会计电算化基本知识部分包含3项学习任务；岗位实操部分围绕系统管理员、账套主管、制单会计、出纳、审核会计、记账会计、报表会计等岗位设计了14项工作任务，这些任务均与企业会计信息化应用相一致，涉及系统管理、工资系统、固定资产系统、总账系统和报表系统的应用。

本书配有二维码和学习卡资源，内容包括上机操作视频、本书例题的账套数据、演示文稿及授课教案等。

本书既可作为职业院校会计专业及相关专业的教学用书，也可作为会计从业人员继续教育的培训用书，还可作为畅捷通T3版软件应用人员的培训用书。

本书封面贴有清华大学出版社防伪标签，无标签者不得销售。
版权所有，侵权必究。举报：010-62782989，beiqinquan@tup.tsinghua.edu.cn。

图书在版编目(CIP)数据

会计电算化：畅捷通T3云财务/陈伟清主编. —北京：清华大学出版社，2022.1
ISBN 978-7-302-59848-0

Ⅰ.①会… Ⅱ.①陈… Ⅲ.①会计电算化—职业教育—教材 Ⅳ.①F232

中国版本图书馆 CIP 数据核字(2021)第 280328 号

责任编辑：刘金喜
封面设计：常雪影
版式设计：孔祥峰
责任校对：成凤进
责任印制：宋　林

出版发行：清华大学出版社
　　　　　网　　址：http://www.tup.com.cn，http://www.wqbook.com
　　　　　地　　址：北京清华大学学研大厦A座　　　邮　编：100084
　　　　　社 总 机：010-83470000　　　　　　　　　邮　购：010-62786544
　　　　　投稿与读者服务：010-62776969，c-service@tup.tsinghua.edu.cn
　　　　　质 量 反 馈：010-62772015，zhiliang@tup.tsinghua.edu.cn
印 装 者：三河市天利华印刷装订有限公司
经　　销：全国新华书店
开　　本：185mm×260mm　　　印　张：13.25　　　字　数：267千字
版　　次：2022年3月第1版　　　印　次：2022年3月第1次印刷
定　　价：58.00元

产品编号：093220-01

前言

为适应高职高专院校、各类成人院校和其他各类职业学校财经类专业会计电算化或财务软件应用课程的教学需要,我们依据现行财经法律法规要求,并以畅捷通T3云财务平台为蓝本编写了本书。

随着经济全球化进程的不断加快,财务软件发展得越来越迅速,其功能不断增强、技术日新月异,软件产品不断更新换代。特别是随着会计信息化的普及,企事业单位对会计电算化人才的要求越来越高,用会计信息系统进行财务管理在今天已经成为每一个财务人员的必备技能。为适应这一形式带来的变化,我们在广泛调研的基础上,结合企业实际应用情况,重新构建了本书的体系结构。

本书具有以下主要特点:

(1) 可操作性。会计电算化的基本知识与企业的具体应用相结合。

(2) 时代性。教材内容及时反映新知识、新技术,能够突出重点、循序渐进,完全符合教学规律。

(3) 适用性。本书以某一会计主体的一般业务流程为依据,按照会计核算流程(初始设置—日常业务处理—月末处理)的主线把教材内容组织起来。上机操作技能的讲解采用了直观的画面和清晰的步骤说明,更利于学生理解书本知识,从而提高教学效果,也适应了从事实际会计事务处理工作的需要。

(4) 创新性。在教材的编排上,遵循职教特点,采用行为导向教学方法,重点突出学生在做中学的特色;会计电算化实务操作模块均提供教学演示案例,并同步提供了相应的账套备份数据,方便教师演示教学内容和学生上机练习;在教学资源配套方面,同步开发上机操作视频、过程账套数据、教学课件、电子教案等教学资源,以及网络课程(可登录畅课堂"https://c.chanjet.com"进行在线学习)。

考虑到职业院校会计专业教学的实际情况,我们在完成对教材内容调整的同时,也相应调整了会计电算化的学时安排,学时分配见下表(供参考):

学时分配表

课程内容		学时数			
		合计	讲授	实验	机动
项目1 会计电算化概述	任务1.1 会计电算化工作	1	1		
	任务1.2 会计信息系统的概念与结构	2	2		
	任务1.3 会计信息系统的实施过程	1	1		
项目2 系统管理与基础设置	任务2.1 系统管理	2	1	1	
	任务2.2 建立基础信息	16	8	8	
项目3 工资和固定资产系统日常处理	任务3.1 工资系统初始设置	6	3	3	
	任务3.2 固定资产系统初始设置	4	2	2	
	任务3.3 工资和固定资产日常业务处理	4	2	2	
项目4 总账系统日常处理	任务4.1 总账系统初始设置	2	1	1	
	任务4.2 总账系统日常业务处理	12	6	6	
	任务4.3 日常账簿查询	2	1	1	
项目5 月末处理	任务5.1 工资和固定资产系统月末业务处理	10	5	5	
	任务5.2 总账系统月末业务处理	12	6	6	
	任务5.3 月末结账	2	1	1	
项目6 编制财务报表	任务6.1 认识报表系统	2	1	1	
	任务6.2 应用报表模板	4	2	2	
	任务6.3 编制自定义报表	4	2	2	
机动		4			4
合计		90	45	41	4

  本书由陈伟清担任主编。参加编写的人员有王小捷、曹小红、范春梅。其中陈伟清负责全书的总纂和定稿工作，王小捷负责上机操作视频的制作工作。

  畅捷通信息技术股份有限公司为本书的编写提供了软件平台，在此表示衷心的感谢。

  值得说明的是，本书操作案例中涉及的公司名称、部门、人员、银行账户以及有关业务数据等信息均为虚构，如有雷同，纯属巧合，切勿对号入座。

  由于编者的水平有限，且时间仓促，书中难免存在疏漏和不妥之处，敬请广大读者批评指正。

编 者
2022年1月

教学资源使用说明

欢迎您使用《会计电算化——畅捷通T3云财务》。

为便于教学和自学，本书提供了以下资源：

- 账套数据备份；
- 多媒体微课视频；
- PPT教学课件；
- 电子教案。

其中：账套数据、PPT教学课件、电子教案等可通过扫描下方二维码下载，也可通过http://www.tupwk.com.cn/downpage页面输入书名或书号下载；多媒体微课视频可通过扫描书中二维码观看。

教学资源下载

读者若因链接问题出现资源无法下载等情况，请致电010-62784096，也可发邮件至服务邮箱476371891@qq.com。

目录

项目1　会计电算化概述　1

任务1.1　会计电算化工作　1
- 活动1.1.1　知晓会计电算化的概念与特征　2
- 活动1.1.2　了解会计电算化的发展　4

任务1.2　会计信息系统的概念与结构　6
- 活动1.2.1　分清会计信息系统的基本概念　7
- 活动1.2.2　列举会计信息系统的构成要素　12
- 活动1.2.3　熟悉会计信息系统的功能结构　15

任务1.3　会计信息系统的实施过程　18
- 活动1.3.1　建立会计电算化的工作组织与计划　18
- 活动1.3.2　制订会计电算化管理制度　22

项目2　系统管理与基础设置　25

任务2.1　系统管理　25
- 活动2.1.1　系统注册　26
- 活动2.1.2　设置操作员　28
- 活动2.1.3　建立企业基本信息　30
- 活动2.1.4　账套维护　37
- 活动2.1.5　财务分工　40

任务2.2　建立基础信息　43
- 活动2.2.1　机构设置　43
- 活动2.2.2　设置往来单位　47
- 活动2.2.3　设置会计科目　49
- 活动2.2.4　设置凭证类型和结算方式　57

项目3　工资和固定资产系统日常处理　63

任务3.1　工资系统初始设置　63
- 活动3.1.1　建立工资账套　64
- 活动3.1.2　设置工资核算的人员类别　69
- 活动3.1.3　设置工资核算项目和银行名称　70
- 活动3.1.4　设置人员档案　74
- 活动3.1.5　设置工资计算公式　77
- 活动3.1.6　录入工资基础数据　82

任务3.2　固定资产系统初始设置　83
- 活动3.2.1　建立固定资产账套　84
- 活动3.2.2　设置固定资产类别　90

活动3.2.3　建立与固定资产有关的会计科目 ··· 92
　　　活动3.2.4　录入固定资产原始卡片 ·· 94
　任务3.3　工资和固定资产日常业务处理 ··· 96
　　　活动3.3.1　工资系统日常业务处理 ·· 97
　　　活动3.3.2　固定资产系统日常业务处理 ··· 101

项目4　总账系统日常处理··105

　任务4.1　总账系统初始设置 ··105
　　　活动4.1.1　设置总账系统参数 ···106
　　　活动4.1.2　录入科目期初余额 ···109
　任务4.2　总账系统日常业务处理 ··113
　　　活动4.2.1　填制凭证 ··114
　　　活动4.2.2　查询与审核凭证 ···122
　　　活动4.2.3　记账 ··127
　任务4.3　日常账簿查询 ··130
　　　活动4.3.1　查询总账与余额表 ···131
　　　活动4.3.2　查询明细账与多栏账 ··133
　　　活动4.3.3　查询辅助账 ···137
　　　活动4.3.4　查询日记账 ···140

项目5　月末处理 ··143

　任务5.1　工资和固定资产系统月末业务处理 ··143
　　　活动5.1.1　设置职工薪酬费用转账分录 ··144
　　　活动5.1.2　生成职工薪酬费用和固定资产折旧费转账凭证 ···························149
　任务5.2　总账系统月末业务处理 ··156
　　　活动5.2.1　设置自动转账分录 ···157
　　　活动5.2.2　生成自动转账凭证 ···164
　　　活动5.2.3　银行对账 ··167
　任务5.3　月末结账 ··175
　　　活动5.3.1　工资和固定资产系统月末结账 ···175
　　　活动5.3.2　总账系统月末结账 ···178

项目6　编制财务报表··181

　任务6.1　认识报表系统 ··181
　　　活动6.1.1　走进报表系统 ··182
　　　活动6.1.2　熟悉报表系统的基本要素和常用术语 ··184
　任务6.2　应用报表模板 ··187
　　　活动6.2.1　生成资产负债表 ···187
　　　活动6.2.2　生成利润表 ···191
　任务6.3　编制自定义报表 ···194
　　　活动6.3.1　设计自定义报表表样 ··195
　　　活动6.3.2　生成自定义报表 ···200

项目1 会计电算化概述

任务1.1 会计电算化工作

学习目标

了解会计电算化的概念、内容、作用及其发展。

学习导图

任务1.1的学习导图见图1-1。

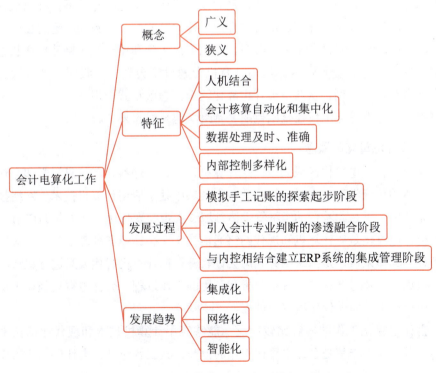

图1-1 任务1.1的学习导图

活动1.1.1　知晓会计电算化的概念与特征

【任务】

能简单地说出会计电算化的概念；能列举会计电算化的特征。

【指导】

会计电算化是会计信息处理技术上的一场深刻变革，开展会计电算化工作是促进会计工作规范化、提高企业经济效益的重要手段和有效措施。

1. 会计信息处理技术

会计信息处理技术，是指在对会计数据进行收集、加工、存储、检索、传送、利用等处理过程中所运用的方法和技术。从历史上看，我国会计信息处理技术的发展大致经历了手工处理阶段、机械处理阶段和计算机处理阶段3个阶段。

(1) 手工处理阶段。很早以前，人们就开始用算盘作为运算工具，用笔墨在簿记上做记录，完全靠人工进行会计数据处理。后来，虽然相继使用了手摇计算机等工具，但仍然存在着不规范、速度慢、易出错、工作量大等弊端。手工处理方式历史漫长，直至今天仍有企业在使用。

(2) 机械处理阶段。20世纪初，有些大型企业曾经用卡片穿孔机、卡片分类机、机械式计算机、制表机等代替手工进行会计数据处理。这种机械处理方式增强了数据处理的功能，但仍然无法存储程序和大量数据。而且，由于设备庞大、价格昂贵、操作复杂，而没有得到广泛普及。直到20世纪40年代后，计算机在会计数据的收集、分类、计算、汇总、存储、传输等方面才得到了广泛的应用。

(3) 计算机处理阶段。1981年8月，中国人民大学和第一汽车制造厂在长春联合召开的"财务、会计、成本应用计算机专题讨论会"上，我国学者首次提出"会计电算化"一词。从此，会计电算化这个概念就正式出现在文件、论文和教科书中，会计电算化工作在全国也随之有组织地开展起来了。

2. 会计电算化的概念

目前，会计电算化已成为一门融计算机科学、管理科学、信息科学和会计科学为一体的边缘学科，在经济管理的各个领域中处于应用计算机技术、网络技术的领先地位，正在起着带动经济管理诸领域逐步走向现代化、智能化的作用。

会计电算化是"计算机和现代网络通信技术在会计业务处理工作中的应用"的简称。具体来讲，是指编制并利用会计软件指挥计算机替代人工进行记账、算账、报账，以及对会计信息进行分析和利用的工作过程。会计电算化强调了从传统会计处理工具向现代化演变的过程。

会计电算化工作的内容比较广泛，能够应用计算机技术和现代通信技术完成的所有会计工作都是会计电算化工作的范畴。其主要包括：会计电算化工作的组织和规划、会计信息系统的建立与使用、会计电算化人员的培训、会计电算化制度的建立以及计算机内部审计等内容。因此，会计电算化的概念有广义和狭义之分。

(1) 广义的会计电算化。这是指与实现会计电算化有关的所有工作，包括会计软件的开发和应用、会计电算化人才的培训、会计电算化的宏观规划、会计电算化的制度建设、会计软件市场的培育与发展等。

(2) 狭义的会计电算化。这是指以计算机为主体的当代电子信息技术在会计工作中的应用。

3. 会计电算化的特征

会计电算化是时代发展的必然，也是管理现代化的需要，更是会计工作自身改革和发展的必由之路。与手工会计处理相比，会计电算化具有以下特征：

(1) 人机结合。在会计电算化处理方式下，会计人员填制电子会计凭证并审核后，执行"记账"功能，计算机根据事先设定好的程序或指令在极短的时间内自动完成会计数据的分类、汇总、计算、传递及报告等工作。然而，尽管这些工作基本实现了自动化，但对会计数据的收集、审核、输入等工作仍需人工完成(如对原始凭证进行识别和处理等)，各种处理指令也需要由人发出。

(2) 会计核算自动化和集中化。在会计电算化处理方式下，试算平衡、登记账簿等以往依靠人工完成的工作，都由计算机自动完成，极大地减少了会计人员的计算工作量，提高了工作效率。计算机技术与网络技术在会计电算化中的广泛应用，使得企业能够将分散的数据统一汇总到会计信息系统中进行集中处理，从而既提高了数据汇总的速度，又增强了企业集中管控的能力。

(3) 数据处理及时、准确。利用计算机处理数据，可以在较短的时间内完成会计数据的分类、汇总、计算、传递及报告等工作。计算机的运算优势，使会计处理流程更为简便，核算结果更为精确。此外，在会计电算化处理方式下，会计信息系统运用适当的处理程序和逻辑控制，能够避免在手工会计处理方式下易出现的一些错误。

(4) 内部控制多样化。在会计电算化处理方式下，与会计工作相关的内部控制制度也发生了明显的变化。例如，内部控制由过去的纯粹人工控制发展成为人机结合的控制形式；内部控制的内容更加丰富，范围更加广泛，要求更加严格，实施更加有效。

【步骤】

上网浏览相关文章或论文，收集和整理笔者对会计电算化对会计工作的影响及存在的问题与对策所提出的个人观点，并摘抄下来。(观点不限，空白处不够可自行增页，后面做法同此。)

观点1:
_____
_____

观点2:
_____
_____

观点3:
_____
_____

观点4:
_____
_____

观点5:
_____
_____

活动1.1.2　了解会计电算化的发展

【任务】

能够简单叙述会计电算化的发展过程和发展趋势。

【指导】

1954年，美国通用电气公司利用计算机计算职工薪金的举动，引起了会计数据处理技术的变革，开创了利用计算机进行会计数据处理的新纪元。在我国，将计算机技术应用于会计领域的时间比较晚，1979年第一汽车制造厂大规模信息系统的设计与实施，是我国会计电算化发展过程的一个里程碑。

1. 会计电算化的发展过程

随着计算机技术的迅速发展，计算机在会计工作中的应用范围不断扩大，采用的系统平台和应用的数据库也在不断升级，经历了一个从产生到逐渐成熟的过程。

(1) 模拟手工记账的探索起步阶段——国外从20世纪50年代初期到60年代中期，我国从1979年到1992年。在这个阶段，会计人员利用计算机模仿手工处理方式，着重解决那些数据量大、计算简便且重复次数多的专项会计业务，如工资计算、账务处理、编制报表等。其突出的特点是：一种会计核算程序仅能对应某项会计业务，独立完成。

(2) 引入会计专业判断的渗透融合阶段——国外从20世纪60年代中期到60年代末期，我国从1993年到1998年。在这个阶段，主要是在财务部门内部应用。利用计算机对全部会计核算业务数据进行综合加工，形成了比较完善的计算机处理方式下的会计核算体系。

(3) 与内控相结合建立ERP系统的集成管理阶段——国外从20世纪70年代开始，我国从1998年开始，会计电算化工作已从全面会计核算向会计管理方向过渡。这个阶段，建立了以财务为核心，包括物资、设备、生产、销售、人力资源等管理在内的企业管理信息系统。在企业多部门集成应用，实现了购销存业务处理、会计核算和财务监控的一体化管理，为企业经营决策提供预测、控制和分析的手段，从而有效地控制了企业成本和经营风险。同时，企业中各部门都能够充分共享信息资源，直接得到其最需要的相关信息，并以最快的速度做出经营决策，从而达到企业资金流与物资流的一体化管理的目的，真正实现会计的事前决策、事中控制、事后核算的职能。

2. 会计电算化的发展趋势

当前，互联网、电子商务等技术正在改变企业的业务形态和运营方式，也必然会影响和改变财务管理模式和财会工作方式，一个全新的网络财务时代已经到来。网络财务是基于网络计算技术，以整合实现企业电子商务为目标，提供互联网环境下财务管理模式、财会工作方式及其各项功能的财务管理系统。网络财务是电子商务的重要组成部分，它必须提供从财务上整合实现企业电子商务的各项功能。

展望未来，随着互联网、云计算、人工智能、大数据等技术的广泛应用，包括财务管理、生产管理、人力资源管理、供应链管理、客户关系管理、电子商务应用等在内的完整的企业管理信息系统在近年来得到全面发展。其中，对供应链管理(SCM)系统的重视逐渐超过了对财务系统的重视；以提高客户满意度、快速扩张市场份额为目标的客户关系管理(CRM)系统成为了热点。企业资源计划(ERP，Enterprise Resource Planning)系统得到广泛应用，由财务专项管理向全面企业管理转变，实现了对企业物流、资金流和信息流一体化、集成化的管理。财务共享服务中心(Financial Shared Service Center，FSSC)作为一种新的财务管理模式正在许多跨国公司和国内大型集团公司中兴起与推广。

会计电算化工作还在不断地发展之中，虽然不同规模和不同类型的企业发展很不平衡，但是主要发展趋势是向着集成化、网络化、智能化方向发展。

(1) 集成化。做好财务管理工作，不仅需要财会数据，而且还必须有供、产、销、人力、物资、设备等多方面的经济业务信息。因此，不仅要有会计核算系统，还必须建立以财务管理为核心的企业全面管理信息系统，同时，还要建立决策支持系统等。将一些具有多种不同功能的系统，通过系统集成技术组合在一起，形成一个综合化、集成化、统一的信息系统，实现互相衔接、数据共享。

(2) 网络化。目前我国的会计电算化已广泛应用于局域网，实现了会计数据处理并发操作、统一管理和数据共享；随着互联网和移动通信技术在会计中的广泛应用，一方面，会计信息处理将基于网络计算技术；另一方面，财务人员的工作方式将产生巨大的变化。例如，实现在线办公：互联网上的计算机就是财务人员的工作台，大部分工作均利用互联网上的计算机完成。又例如，实现移动办公：不管在哪里，不管在何时，只要将手机连上数据网络，就可以向公司发订单，查看上级的工作安排，了解市场行情。再例如，实现远程传输和查询：远程查账、远程报税、远程审计变得随手可得。

(3) 智能化。随着市场经济的发展，影响企事业单位生产经营活动的因素越来越复杂，预测、决策、控制、分析和管理的难度越来越大，因此，除了要加大数据的采集和运用，不断提高数据处理、分析、判断能力，逐步实现会计信息系统的智能化外，还要利用人工智能、大数据技术研究的新成果，采集专家的经验和智慧并归类存入计算机，在预测、决策过程中，当决策目标确定以后，利用专家系统，调出有关专家经验和智慧，进行辅助决策，以提高决策的可靠性。

【步骤】

上网浏览与"会计电算化的未来发展"相关的文章或论文，并摘抄下来。

任务1.2　会计信息系统的概念与结构

学习目标

理解会计信息系统的概念、构成要素和功能结构，了解会计信息系统的业务处理流程。

学习导图

任务1.2的学习导图见图1-2。

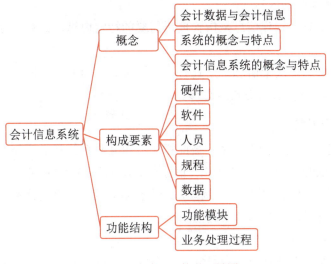

图 1-2　任务 1.2 的学习导图

活动1.2.1　分清会计信息系统的基本概念

【任务】

能够熟悉关于会计信息系统的几个基本概念及其特点。

【指导】

1. 会计数据与会计信息

(1) 数据。数据是对客观事物属性的描述，是反映客观事物的性质、形态、结构和特征的符号。

(2) 信息。信息是对客观世界中各种事务特征和变化的反映，是数据加工的结果。对信息使用者来说，信息是一种经过加工处理后有用的数据。

说明

数据与信息都可以用数字、符号、文字、图表、声音、影像等形式来表示。信息必然是数据，但数据不一定是信息。有用的数据才能成为信息。

(3) 会计数据。会计数据是指在会计工作中记录下来的会计事实，一般包括数字数据和非数字数据。如各种原始资料、原始单据、记账凭证等都属于会计数据。

(4) 会计信息。会计信息是指按一定的要求经过加工处理后的会计数据。只有将会计数据通过加工生成会计信息后才能满足管理的需要，为管理者所用。我们可将会计信息按用途分为以下3类：

① 财务信息。财务信息是指反映已经发生的经济活动的信息，如凭证、账簿、报表中所反映的内容。

② 管理信息。管理信息是指管理所需要的特定信息，如对比分析信息、客户信用等级信息等。

③ 决策信息。决策信息是指具有决策性质或为预测、决策活动直接服务的信息，如量本利——盈亏分析信息等。

2. 系统及其特点

(1) 系统。系统是指由一系列彼此相关、相互联系的若干部分为实现某种特定目的而建立起来的一个整体。相互联系的若干部分称为系统的子系统，它们是系统内能完成某种功能的单元。例如，一个企业可视为一个经营系统，企业中的车间或职能部门就是这一系统的子系统。

(2) 系统的特点。主要包括以下几点。

① 独立性。系统是一个相对独立的个体。它与周围环境具有明确的边界，并能与外部环境进行物资和信息的交流。

② 目的性。系统有自己特定的目的，系统中各功能都服务于系统目标。

③ 层次性。系统能划分成若干个更小的子系统。

④ 联系性。系统的各子系统既相互独立又相互联系。

⑤ 运动性。系统总是不断地接收外界的输入、进行加工处理、向外界输出。

⑥ 适应性。系统能扩展、压缩，能根据要求进行变革。

3. 物资流与信息流

系统内部同时存在着物资流和信息流。例如，某公司为完成生产经营任务，需要组织一定的人力，配备相应的资金、设备、材料等物资条件。在公司的供、产、销经营活动中，这些物资因素各自按照本身特有的规律，相互联系地不断运动，形成一个物资流。与此同时，反映这些客观事物的数量、质量、速度、形态、结构、特征等方面的信息，按照一定的规律运动，形成一个信息流。在一个系统中，物资流是活动的主体，物资流的数量、质量、速度等特征通过信息流反应出来，人们通过信息流了解、掌握物资流的情况，实现对物资流的控制，保证物资流的畅通。

4. 会计信息系统的概念

在信息流中，各个信息因素相互联系、不断变化，形成一个信息系统。把输入、处理、输出信息作为主要目的的系统称为信息系统(Information System，IS)。任何信息系统都具有数据的收集和输入，信息的加工、存储、传输及输出等功能。

会计的各项活动都体现为对信息的某种作用：取得原始凭证是对信息的获取，原始凭证的审核是对信息特征的提取和确认，设置会计账户是对信息的分类，填制记账凭证和登记账簿是对信息的传递和储存，成本计算是对成本信息的进一步变换和处理，会计管理与决策是对会计信息的进一步应用。

会计工作过程构成一个有秩序的信息输入、处理、存储和输出的过程，这一过程可分为若干部分，每一部分都有各自的任务，所有部分互相联系、互相配合、服从于一个统一的目标，形成一个会计活动的有机整体，这个有机整体就构成了会计信息系统。

会计信息系统(Accounting Information System，AIS)，是指利用会计信息技术，对会计信息进行收集、存储、处理及传送，完成会计核算、监督、管理和辅助决策任务的信息系统。

会计信息系统是企业管理信息系统中的一个重要的子系统，而会计信息系统本身，又可以分解为若干子系统。按管理职能可分为三部分：核算子系统、管理子系统和决策子系统，分别用于会计工作中事前决策、事中控制和事后核算，用于反映企业的经营活动情况，监督企业的经营活动，参与企业管理。这三部分既相互自成系统，又互相联系、缺一不可，共同组成一个完整的会计信息系统。

5. 会计信息系统的特点

计算机及互联网环境下的会计信息系统与手工会计操作相比，具有以下几个主要特点：

(1) 会计信息系统以计算机技术和互联网信息技术为主要工具，采用人机结合方式，进行相互操作。

(2) 数据采集要求标准化和规范化。系统要从原始单据中接收或获取会计的原始数据，必须对输入的数据进行标准化处理、规范化处理，以适应计算机处理的需要。这就要改变以往会计凭证不统一的状况，采取统一的编码，建立统一的数据输入格式，并加强对输入数据的校验，保证输入数据的可靠性。特别是在互联网环境下，各种原始凭证变成了电子原始凭证，原始凭证的传递变成了网络传递方式，会计信息系统通过互联网直接在企业内部和外部的各个部门分散收集原始数据，这样，节省了原始数据搜集的成本和时间，提高了原始数据的准确性。

(3) 数据处理方式集中化和自动化。数据处理集中化是指各个业务岗位的核算工作都统一由计算机处理，尤其是建立网络后。由于对数据的共享，其数据的处理就要集中进行；数据处理自动化是指在数据处理过程中，人工干预明显减少，而由程序统一调度和管理。

(4) 会计信息载体无纸化。在会计信息系统中，会计证、账、表信息的存储介质采用看不见、摸不着的数字介质。数字介质不同于纸张介质，人虽不能直接识读，但信息量大、查询速度快、易于复制和删除。在互联网环境下，会计信息不仅存储无纸化，而且数据输入、处理过程、会计信息输出都采用无纸化形式。

(5) 财务和业务的协同处理。

① 财务和企业内部业务的协同。企业内部的业务流程很多，例如，以供应链为主的物流，以生产管理为主的生产流等。在这些业务流程中，产生的信息需要和资金流管理相协调，一旦产生财务信息，就会并行传递到会计信息系统中进行加工、存储和处理。同样，会计信息系统及时将产生的有关数据回传给业务系统，从而保证财务与业务步调一致、协同前进。

② 财务和企业外部业务的协同。外部业务包括向客户的销售、催账等业务，向供应商的询价、采购等业务，银行的结算等业务。在企业生产经营活动中，如果一项业务活动的发生伴随着财务信息的产生，就要在会计信息系统中得到及时的处理，并将处理结果反馈给外部业务流程，实现与外部业务的协同。

(6) 会计信息搜集、处理和使用的动态化和实时化。互联网环境下各种会计信息的收集是实时的，无论是企业外部的数据，还是企业内部的数据，一旦发生，都将及时存入相应的服务器，并实时传递到会计信息系统中进行处理。这样，账簿、报表等会计信息也将随时发送到企业或有关管理决策部门的主页上。

6. 会计信息系统与手工操作的区别

无论是手工会计操作，还是采用会计信息系统，对会计数据的处理和所提供的会计信息都要符合国家财税政策的规定。但是，计算机和互联网环境下的会计信息系统与手工会计操作有很大的差别。

(1) 改变了原有的组织体系。在手工方式下，一般以会计事务的不同性质为依据建立会计工作组织体系，如将财务部门划分为若干个业务核算岗位(或小组)。而在会计信息系统中，要以数据的不同形态为依据建立会计工作组织体系，如一般要设置数据输入、审核、处理、输出、维护等岗位。

(2) 改进了会计核算形式和方法。手工方式下的会计核算形式和某些核算方法并不是会计数据处理本身所要求的，而是为了减少计算工作量或简化核算手续。而会计信息系统中，在符合国家财税法规的前提下，企业可以从所要达到的核算与管理目标出发，设计出业务流程更加合理、更适合计算机处理、效率更高、计算更精确的会计核算形式和核算方法。而且，会计人员在使用过程中不必考虑具体使用哪一种核算方法，只要会计信息系统提供的核算是正确的，执行指定的功能，计算机就可以高速、快捷、及时、准确地完成相应的工作。

(3) 改变了原有的内部控制制度。在会计信息系统中，有的内部控制方式已被改变或取消。例如，传统手工的账证核对、账账核对、账表核对等所实现的查错、纠错控制已不复存在，取而代之是更加严密的输入控制；控制范围已从财务部门转变为财会部门和信息处理部门；控制方式也从单纯的手工控制转化为组织控制、手工控制和程序控制相结合的全面内部控制。同时，会计信息系统自身建立起了新的岗位责任制和严格的内部控制制度；增加了权限控制，各类人员都有自己的操作密码和操作权限；增加了各种自动平衡校验措施等。

（4）改变了账表存储方式，增加了输出过程。在手工方式下，总账、明细账和日记账都是明确区分的，并有其特定的格式，存储介质是看得见、摸得着的纸张。而在会计信息系统中，类似手工的凭证、账簿和报表的格式及数据并不完全存在，账簿、报表所需的数据均以数据库文件的形式保存在不同的数字介质上。当需要查看这些数据时，只需输入查询条件，系统就会按事先设计的程序自动将数据从数据库文件中提取出来，经过筛选、分类、计算、汇总后，执行相应的输出功能，在计算机屏幕上显示或用打印机打印出来。

（5）使会计的管理职能进一步强化。在手工方式下，许多复杂、实用的会计或统计模型，如最优经济订货批量模型、多元回归分析模型等很难在企业管理中得以实施，大部分预测、决策工作需要依赖管理者个人的主观判断。而在会计信息系统中，管理人员不但可以借助内置的会计管理模型完成预测、决策工作，而且还可以不断研制出新的管理模型，从而更加迅速地存储、传递及提取大量会计信息，进行各种更为复杂的数量分析，及时、准确、全面地进行会计管理和决策工作。

7. 会计软件、会计信息系统与会计信息化

（1）会计软件。会计软件是指企业使用的，专门用于会计核算、财务管理的计算机软件、软件系统或者其功能模块。

（2）会计信息系统。会计信息系统是指由会计软件及其运行所依赖的软硬件环境组成的集合体。

（3）会计信息化。会计信息化是指企业利用计算机、网络通信等现代信息技术手段开展会计核算，以及利用现代信息技术手段将会计核算与其他经营管理活动有机结合的过程。

【步骤】

上网观看并浏览"德勤财务机器人"工作视频以及相关报道，思考德勤机器人引发了哪些财务新变革，请摘抄下来。

活动1.2.2　列举会计信息系统的构成要素

【任务】

能列举会计信息系统的构成要素；能比较通用会计软件与定点开发会计软件的优缺点。

【指导】

会计信息系统的构成要素有硬件、软件、人员、数据和规程。它们是会计信息系统的实体，是系统的物理组成。

1. 硬件

硬件的作用是实现数据的输入、处理、输出等一系列根本性的操作。一般地，硬件设备包括数据采集设备、处理设备、存储设备、输出设备和网络通信设备。例如，输入设备有键盘、光电扫描仪、条形码扫描仪等；处理设备有计算机主机等；存储设备有硬盘、光盘等；输出设备有打印机、显示器等。

计算机硬件设备的不同组合方式构成了不同的硬件体系结构，也决定了不同的计算机工作方式。

(1) 单机结构。整个系统只有一台计算机和相应的外部设备，属于单用户单任务工作方式。优点：开发周期短、价格低廉、操作简便、数据共享程度高。缺点：输入速度慢，输入、输出成为数据处理的瓶颈。

(2) 多用户结构。整个系统配置一台主机和多个终端，通过通信线路连接而成。允许多个用户同时在不同的终端上分散输入数据，由主机集中处理，处理结果又可直接返回各个终端用户。优点：分散输入、输出，解决了输入、输出的"瓶颈"问题，集中处理实现了数据库共享，提高了系统效率。缺点：一旦主机发生故障会造成整个系统中断工作。

(3) 计算机网络结构。将地理上分散的具有独立功能的多个计算机通过通信设备和线路连接起来，由功能完善的网络软件实现资源共享，组成一个功能更强的计算机网络系统。其特点是：系统的软硬件和数据资源可以共享；实现分布式处理，即可以将一项复杂任务分解，在网内各计算机上独立进行数据输入和处理；系统的功能和灵活性增强，更加安全可靠。

2. 软件

会计信息系统的软件包括系统软件、通用应用软件和会计软件。在会计信息系统中，会计软件是最重要的部分，没有会计软件，会计信息系统就无法实施。

会计软件是指专门用于完成会计工作的计算机应用软件，包括采用各种计算机语言编制的一系列指挥计算机完成会计工作的程序代码和有关的文档技术资料。会计软件具有以下功能：为会计核算、财务管理直接采集数据；生成凭证、账簿、报表等会计资料；对会计资料进行转换、输出、分析、利用。

会计软件按不同标准进行划分，可分为不同的类型。

(1) 会计软件按其适用范围不同划分，可分为通用会计软件和定点开发会计软件。

① 通用会计软件，是指由专业软件公司研制，公开在市场上销售，在一定范围内适用的会计软件。通用会计软件的特点是不含或含有较少的会计核算规则与管理方法。其优点是：它实质上是一个工具，会计核算规则由用户自行输入，突破空间上和时间上的局限性，具有真正的通用性。其缺点是：软件越通用，初始设置工作量就越大；软件越通用，会计核算工作中的个别细节就越难以兼顾。

② 定点开发会计软件也称为专用会计软件，是指根据企业自身需要自行开发或委托专业软件公司开发的，仅适用于本单位会计业务的会计软件，如某企业针对自身的会计核算和管理的特点而开发研制的软件。定点开发会计软件的特点是：把适合本单位特点的会计核算规则与管理方法编入会计软件，如将报表格式、工资项目、计算方法等在程序中固定。其优点是：比较符合使用单位的具体情况，使用方便。其缺点是：受到空间和时间上的限制，只能在个别单位、一定的时期内使用。

(2) 会计软件按其提供信息的层次不同划分，可分为核算型会计软件、管理型与决策型会计软件。

(3) 会计软件按其硬件结构不同划分，可分为单用户会计软件和多用户(网络)会计软件。

① 单用户会计软件，是指将会计软件安装在一台或几台计算机上，每台计算机中的会计软件单独运行，生成的数据只存储在本台计算机中，各计算机之间不能直接进行数据交换和共享。

② 多用户(网络)会计软件，是指将会计软件安装在一个多用户系统的主机(计算机网络的服务器)上，系统中各终端(工作站)可以同时运行，不同终端(工作站)上的会计人员能够共享会计信息。目前，大多数企业使用的是多用户(网络)会计软件。

3. 人员

会计电算化人员是指从事开发、使用和维护会计信息系统的人员。这些人员一般可分为两类，一类称为系统开发人员，包括系统分析员、系统设计员、系统编程和测试人员；另一类称为系统的使用和维护人员。

在手工方式下，会计人员需掌握和运用的工具是算盘和计算器。实现会计电算化后，一般会计人员不仅要熟悉会计知识、财经法规以及一定的计算机及网络方面的知识，而且应能够熟练地运用会计信息系统完成会计业务工作。同时，还应初步具备排除系统运行中的一般性故障的能力。

实现会计电算化的过程中，参与系统开发和使用的人员，不仅有会计人员，还有计算机专业人员和系统操作员。计算机专业人员要具备一定程度的财会理论知识，对会计工作有比较全面和细致的了解，熟悉基本工作流程、方法和基本要求；系统操作人员要熟悉会计软件的基本功能，能熟练地操作计算机并运用软件完成各项工作。总而言之，会计电算化工作要求系统操作人员是复合型人才，同时具备计算机专业和财务专业两方面的知识。

4. 规程

规程，是指各种法令、条例、规章制度。主要包括两大类：一是国家财税政策法规；二是企业单位在会计电算化工作中的各项具体规定，如岗位责任制度、软件操作管理制度、会计档案管理制度等。

为了贯彻国家信息化发展战略，全面推进我国会计信息化工作，进一步深化会计改革，充分发挥会计在经济社会发展中的作用，财政部于2009年4月12日颁布了《关于全面推进我国会计信息化工作的指导意见》；为推动企业会计信息化，节约社会资源，提高会计软件和相关服务质量，规范信息化环境下的会计工作，财政部于2013年12月6日颁布了《企业会计信息化工作规范》。这些政策性文件对单位使用会计软件、生成的会计资料、电子会计资料备份管理等工作做出了具体的规范。

5. 数据

处理经济业务数据是财会部门的传统职责，也是会计信息系统处理的对象。在会计信息系统中，数据具有量大、面广、载体无纸化的特点。尽管一个质量可靠的会计信息系统为生成真实、完整的会计信息的提供了前提条件，但由于技术上、设备上、操作人员水平等方面的原因，容易导致会计资料失真。因此，实行会计电算化的单位，用计算机生成的会计凭证、会计账簿、财务会计报告和其他会计资料在格式、内容及会计资料的真实性和完整性等方面，都必须符合《会计档案管理办法》的规定。

【步骤】

上网学习《企业会计信息化工作规范》，并摘抄工作规范所包括的几个大方向内容。

活动1.2.3 熟悉会计信息系统的功能结构

【任务】

能大体说出会计信息系统应包括的基本功能；简述应用会计信息系统进行业务处理的流程。

【指导】

会计信息系统的功能结构，就是从系统功能的角度，分析会计信息系统的构成及其内部联系。换言之，就是一个完整的会计信息系统由哪几个子系统(模块)组成，每个子系统(模块)完成哪些功能，以及各子系统(模块)之间的相互关系等。

1. 会计信息系统各功能模块的划分

会计信息系统已从核算型发展成管理型，它涵盖供、产、销、人、财、物以及决策分析等企业经济活动的各个领域，功能不断完善，子系统不断扩展，基本上满足了各行各业会计核算和管理的要求。但是，由于企业性质、行业特点以及会计核算和管理需求不同，各企业会计信息系统所包括的内容不尽相同，其子系统的划分各有差异。典型的中等规模的会计信息系统按业务功能，一般可分为财务、购销存和管理决策三大子系统，如图1-3所示。

图1-3 会计信息系统功能模块

(1) 财务子系统。主要包括总账系统、应收款管理、应付款管理、工资管理、固定资产管理、成本核算、资金管理、财务报表等模块。

(2) 购销存子系统。主要包括采购管理、库存管理、存货核算、销售管理等模块。

(3) 管理决策子系统。主要包括采购计划、财务分析、行业报表、投资管理、领导查询、决策支持等模块。

以上各功能模块共同构成了会计信息系统的总体功能结构，各模块既相对独立，分别有着较为丰富的具体功能，能够最大程度地满足企业单位会计核算的需要，又能非常紧密地结合为一个有机的整体，满足使用者在经营管理上的整体需要。

2. 会计信息系统的业务处理过程

会计信息系统的业务处理过程以购销存业务处理为基础，以总账系统为核心，最后得到用于分析、决策的信息，如图1-4所示。

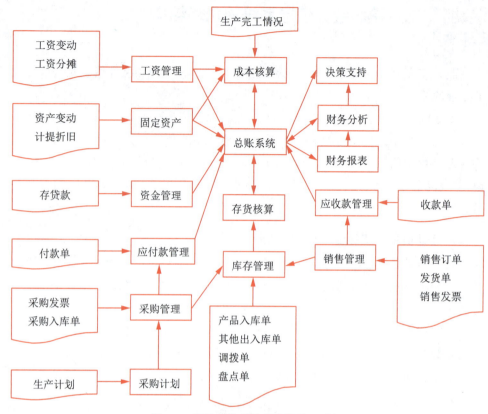

图1-4　会计信息系统的业务处理过程

(1) 购销存业务处理过程(由于篇幅所限,本书暂不做介绍,仅供了解)。

① 在"采购管理"模块中,输入采购发票和采购入库单;该发票的款项在"应付款管理"模块中核算;在"库存管理"模块中,审核该入库单并登记入库台账,再传递到"存货核算"模块核算采购成本。

② 在"销售管理"模块中,输入销售订单、发货单和销售发票;该发票的款项在"应收款管理"模块中核算;在"库存管理"模块中,生成、审核出库单并登记出库台账,再传递到"存货核算"模块核算销售成本。

③ 在"库存管理"模块中,填制各种出、入库单,审核后登记出入库台账。

(2) 财务核算与管理过程。这是会计软件的基础与核心,以凭证为数据处理起点,通过对凭证的输入和处理,完成审核、记账、对账、结账等工作。

① 在"存货核算"模块中,以购销存子系统中产生的入库单、出库单、采购发票等单据为依据,生成存货成本的凭证并传递到"总账系统"模块中,还为"成本核算"模块提供原材料领料数据。

② 在"工资管理"模块中,以薪酬核算员提供的员工工资基础数据为依据,完成工资变动数据的输入和应付工资的计算,自动生成职工薪酬费用分配凭证并传递到"总账系统"模块,还为"成本核算"模块提供生产人员的人工费数据。(本书着重介绍这部分内容)

③ 在"固定资产管理"模块中，以固定资产管理员提供的固定资产原始卡片数据，完成固定资产变动数据的输入，每月自动计提固定资产折旧费，同时自动生成固定资产变动凭证、计提折旧费凭证等并传递到"总账系统"模块，还为"成本核算"模块提供生产部门折旧费数据。(本书着重介绍这部分内容)

④ 在"成本核算"模块中，主要提供成本核算、成本分析和成本预测功能，以满足事前预测、事后核算分析的需要。其数据来源主要是：接收"工资管理"模块提供的人工费数据；接收"固定资产管理"模块提供的折旧费数据；接收"存货核算"模块提供的领料数据。计算完工产品生产成本和月末在产品生产成本，自动生成凭证并传递到"总账系统"模块，同时为"存货核算"模块提供完工入库产品成本数据。

⑤ 在"应收款管理"模块中，进行销售发票和收款处理，自动生成销售收入及款项收回等凭证并传递到"总账系统"模块。

⑥ 在"应付款管理"模块中，进行采购发票和付款处理，自动生成采购及付款核算等凭证并传递到"总账系统"模块。

⑦ 在"总账系统"模块中，接收"应收款""应付款""工资管理""固定资产""存货核算"和"成本核算"模块生成的自动转账凭证，直接输入其他业务凭证，审核确认后记账，可随时查询或打印总账、明细账、多栏账、日记账和日报表，月末进行银行对账、总账系统内部转账和结账。(本书着重介绍这部分内容)

⑧ 在"财务报表"模块中，从"总账系统"模块中提取数据编制财务报表。(本书着重介绍这部分内容)

(3) 管理决策工作过程(由于篇幅所限，本书暂不做介绍，仅供了解)。

① 在"财务分析"模块中，从"总账系统"和"财务报表"模块中取数，运用各种专门的分析方法，进行财务指标分析，制订各项支出费用等预算，传递到"总账系统"模块并进行控制。

② 在"领导查询"模块中，从各个模块中取数，根据企业的管理要求，编制成领导所需要的图表格式，通过网络进行传输，供预测、管理使用。

③ 在"决策支持"模块中，可以从各个模块中取数，采用决策方法和模型，为企业内外部管理者输出决策信息。

【步骤】

上网搜索两三家知名软件公司研制的会计软件，列举它们的基本功能模块的设计特点。

公司1：

公司2：
_____
_____

公司3：
_____
_____
_____

任务1.3 会计信息系统的实施过程

学习目标

熟练掌握会计信息系统的实施过程，特别是对会计软件的选择；弄清建立岗位责任制和脱离手工会计核算的工作步骤。

学习导图

任务1.3的学习导图见图1-5。

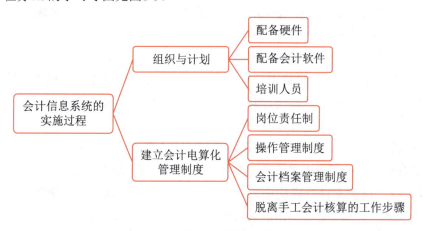

图1-5 任务1.3的学习导图

活动1.3.1 建立会计电算化的工作组织与计划

【任务】

能够知晓选择通用会计软件应注意的问题。

【指导】

建立会计信息系统是一项系统工程，涉及单位内部的各个部门、每一位员工，需要投入较大的人力、物力和财力，必须由单位领导或总会计师亲自作为决策者和领导者，负责和指挥会计电算化工作。单位的财务会计部门承担会计电算化的具体组织和实施工作。

在实施会计信息系统之前，必须制订出一个详细的实施方案，对每个阶段拟要完成的工作做出具体安排。这样才能使整个工作有计划、按步骤地进行，有利于合理安排人力、财力和物力，有利于对会计电算化工作进行实施与检查。

1. 配备硬件

在硬件配备方面，会计电算化应用初期或核算简单的小型企事业单位可选用单机结构；会计业务量大、地理分布集中的大中型企事业单位可选用多用户结构；中小型企事业单位待会计电算化工作深入后，可选用文件/服务器(F/S)网络结构；大型企事业单位可逐步建立客户机/服务器(C/S)网络结构直至浏览器/Web服务器(B/S)网络结构。高档客户机/服务器网络结构和浏览器/服务器(B/S)网络结构是会计信息系统比较理想的硬件结构。

各单位应根据实际情况和财力状况，选择与本单位会计电算化工作规划相适应的计算机机种、机型和有关配套设备，对于实行垂直领导的行业、大型企业集团，应尽量做到统一，为以后实现网络化在软硬件技术支持方面打好基础。

2. 配备会计软件

配备会计软件的方式主要有购买、定制开发(包括本单位自行开发、委托外部单位开发、联合开发等)、购买与开发相结合3种。

(1) 购买通用商品化会计软件。通用商品化会计软件是指经过评审通过的、以产品形式在市场销售的应用软件。它具有通用性、合法性、安全性等特点。选择通用商品化会计软件是企业实现会计电算化的一条捷径，也是采用最多的一种方式。

采用这种方式的优点是：投入少、见效快、性能稳定、安全可靠、维护有保障。其缺点是：针对性不强，难以满足使用单位的各种核算与管理要求；系统功能设置过于复杂，如要求用户定义各种转账公式、数据来源公式、费用分配公式等，对会计人员要求较高，使人感到不易操作。

在选购通用商品化会计软件时，应注意以下问题：

① 软件的合法性。即所选的软件是否通过财政部门的评审。选购的会计软件必须达到财政部发布的《企业会计信息化工作规范》的要求，并已通过(国家、省、地区)财政部门的评审。这既是会计软件替代手工记账的基本条件，也是会计软件质量的基本保证。

② 软件的适应性。即所选软件的功能能否充分满足和保证本单位的特殊需求。会计软件的功能必须符合行业的特点，要满足本单位的具体核算与管理的要求，要适应未来发展的要求(如是否留有扩展功能所使用的数据接口，接口是否

符合要求，是否有利于软件的二次开发等)。

③ 软件的可靠性。即所选软件的技术指标能否满足需要。选择通用会计软件时，必须明确该软件的运行环境，了解其性能指标，分析其技术指标(如安全可靠性、操作简便性等)。

④ 软件的服务性。即所选软件的售后服务质量如何。考查软件售后服务情况，包括用户培训、软件资料、版本升级等。软件在运行过程中发生的故障，主要依靠软件开发商承担日常维护工作，因此要考虑软件开发商对用户故障报告的反应速度/时间和服务收费标准。另外，培训、对软件进行二次开发、系统升级等也是售后服务的重要内容。

⑤ 软件的经济性。即所选软件的价格是否合理。软件价格一般包括常规的培训服务费用，但不包括系统实施费及其他特殊服务费。衡量通用会计软件在价格上是否合理、合算，应综合考虑该软件的性价比。

因此，在开展会计电算化初期，应尽量选择通用商品化会计软件，特别是会计业务比较简单的企事业单位(如小型企业和行政事业单位)。

(2) 定制开发会计软件(专用会计软件)。大中型企事业单位会计业务一般都有其特殊要求，在取得一定的会计电算化工作经验以后，也可根据实际工作需要，选择定点开发方式，以满足本单位的特殊要求。

(3) 购买与开发相结合。这是指对于通用性比较好的部分模块(如总账系统和财务报表等)使用商品化会计软件，而对本单位特殊要求的核算和管理功能，在商品化会计软件不能满足的情况下自行开发，然后利用商品化会计软件提供的数据接口，将它们连接起来。这种方式的优点是：投入比自行开发要少，软件性能稳定，运行效率高，能够满足自身需求，维护有保障。其缺点是：二次开发需经过调研、设计、编程、测试等环节，开发周期长，系统的稳定性需要时间检验，存在一定的使用风险。

综上所述，企业选择会计软件时应全面考虑，权衡利弊，既着眼于现在，又放眼于未来，选择最适合本企业要求的商品化会计软件。

3. 培训会计电算化人员

会计电算化工作是一项技术含量较高的工作，不仅需要会计、计算机专门人才，更需要既懂会计专业知识又懂计算机应用技术的复合型人才。

(1) 会计电算化人才培养的途径主要有正规教育和在职短训两种形式。

① 正规教育。正规教育是指高等职业院校、中等职业学校开设会计电算化专业或相关课程，学生通过两到四年的正规教育，学习计算机知识、数据处理知识、程序设计等。其培养的目标是从事会计电算化的应用型人才。

② 在职短训。这是目前大量培养会计电算化人才的一种主要形式。它是指会计人员通过短期培训，学习会计电算化知识，掌握会计电算化的基本操作和应

用，回到单位后就成为会计电算化应用骨干。

(2) 为普及会计电算化知识，规范会计电算化知识培训工作，财政部明确把会计电算化知识培训划分为初级、中级和高级3个层次，并规定了相应的培训目标。

① 所有的系统操作人员都要通过初级培训，掌握计算机和会计软件的基本操作方法。

② 一部分系统操作人员要通过中级培训，能够对会计软件进行一般性维护，并进行系统参数设置，以及对会计信息进行简单的分析和处理。

③ 一少部分系统操作人员要通过高级培训，能够进行会计软件的分析、设计和开发。

【步骤】

(1) 人工智能在未来将运用到财会领域，会计人员该如何应对？上网搜索相关文章或论文，摘抄一些有益的观点。

_____
_____
_____
_____
_____
_____
_____
_____

(2) 上网搜索两三家公司财务共享服务中心的应用案例，并列举一些财务共享服务中心模式与传统模式的不同之处。

公司1：

_____
_____

公司2：

_____
_____

公司3：

_____
_____

活动1.3.2　制订会计电算化管理制度

【任务】

弄清会计电算化岗位分工的要领,以及各岗位的主要职责;简单陈述替代手工记账前数据转换的主要工作和并行期间的主要任务。

【指导】

会计电算化实施后,不仅核算手段发生了重大变化,而且改变了大量的手工管理习惯和方法,企业有必要制订出一系列管理制度来适应会计电算化工作的要求。

1. 建立岗位责任制

会计电算化工作的岗位可分为基本会计岗位和会计电算化岗位。两者可在保证会计数据安全的前提下交叉设置,各岗位人员要保持相对稳定。随着会计电算化工作的深入,这两方面的人员最终都会成为会计电算化岗位人员。

基本会计岗位可分为会计主管、出纳、会计核算各岗位、稽核、会计档案管理等岗位。会计电算化岗位是指直接操作、管理和维护计算机及会计软件的工作岗位。会计电算化岗位分工及主要职责如下:

(1) 账套主管。负责会计软件运行环境的建立,以及各项初始设置;负责会计软件的日常运行管理工作,监督并保证系统的有效、安全、正常运行。此岗位可由会计主管兼任。

(2) 系统操作员。严格将专职会计人员提供的数据输入到系统中,输入完毕后进行自检核对工作;负责打印和输出记账凭证、账簿、报表,完成部分会计数据的处理和备份工作;严格按照系统操作要求进行操作。此岗位由基本会计岗位人员兼任。

(3) 审核记账员。负责对系统中的会计数据进行审核,以保证其合法、正确和完整;登记机内账簿;对打印、输出的账簿、报表进行确认。此岗位可由会计主管兼任。

(4) 系统维护员。负责保证计算机硬件、软件的正常运行,管理系统内部的会计数据,但不能对会计数据进行处理。此岗位应由计算机专业人员担任。

(5) 系统审查员。负责监督计算机及会计信息系统的运行,防止利用计算机进行舞弊,但不能对会计数据进行处理。此岗位可由会计稽核人员兼任。

(6) 数据分析员。负责对系统内部的会计数据进行分析。此岗位可由会计主管兼任。

(7) 会计档案保管员。负责对会计信息系统数据和程序进行备份,打印证、账、表以及各种电子会计档案资料,确保会计档案安全与保密。此岗位可由会计稽核人员兼任。

2. 制订操作管理制度

操作管理主要是通过对系统的日常管理，保证系统正常、有效地运行。

(1) 操作权限。账套主管一般具有最高的权限；系统操作人员应严格按照特定的权限进行操作，凭证输入人员和审核记账人员不能是同一人；系统维护人员必须按有关的维护规定进行操作，除了系统维护员之外，其他人员不得直接打开数据库文件进行操作，不得随意增删和修改数据、源程序和数据库文件结构；系统开发人员、系统维护员和会计档案保管员不能进行系统性的操作。

(2) 操作规程。在上机操作前后，应进行登记，填写姓名、上机时间和操作内容；操作密码要注意保密，不能随意泄露；必须严格按操作权限、操作步骤和方法进行操作，不得擅自上机操作；每次上机完毕，应及时做好所需的各项备份工作，以防发生意外事故。

(3) 系统维护制度。系统维护制度包括保证机房设备安全和计算机正常运转的措施、保证会计数据和会计核算软件安全保密的措施、修改会计核算软件的审批和监督制度。

3. 制订会计档案管理制度

电子会计档案分为采用数字介质存储和纸介质存储两种形式。可采取以一种形式为主另一种形式为辅或者两种形式并重的方法管理会计档案，保存期限按《会计档案管理办法》的规定执行。

对档案的管理要做好防磁、防火、防潮、防尘、防盗、防虫蛀、防霉烂、防鼠咬等工作；重要的会计档案要备双份，存放在两个不同的地点，最好放在两个不同的建筑物内；会计档案不得随意堆放，严防毁损、散失和泄密，不得外借和拿出单位。

采用数字介质存储会计数据具有不可见性，要定期进行检查，定期进行复制，防止数字介质损坏。

在互联网环境下，档案的管理人员还要及时发布、更新会计信息。

4. 脱离手工会计核算的工作步骤

脱离手工会计核算，是指会计业务手工处理方式向会计信息系统处理方式的过渡，俗称"用计算机替代手工记账"。其主要工作步骤包括数据转换、会计软件与手工并行和甩账验收。

(1) 数据转换。

① 整理手工会计业务数据。重新核对各类凭证和账簿，做到账证、账账、账实相符；整理各账户余额；清理往来账户和银行账户。

② 建立会计科目体系。会计科目体系是会计核算的基础，必须按要求建立会计科目体系并进行编码。

③ 统一证、账、表的格式。要全面考虑各类会计资料的规范性格式，分清必须修改与必须保留的内容，使之更适合会计信息系统的处理方式。

④ 规定操作过程和核算方法。会计核算过程自动化程度很高，要求预先确定同一模块内和不同模块间数据传递的次序。重新确定各种会计核算方法，充分体现计算机的优点。

(2) 会计软件与手工并行。会计软件与手工并行是指在会计信息系统转换过程中，人工与会计软件同时进行会计业务处理的过程。其目的是：

① 检验两种方式下核算结果的一致性；

② 检查新系统是否充分满足要求；

③ 完善各项会计电算化管理制度。

并行起始时间应放在年初或季初等特殊会计时期，并行时间为3个月。并行阶段，通过两种方式下的数据对比，主要检查各种核算方法的正确性、检验会计科目体系的正确性和完整性、考查操作熟练程度、纠正业务处理流程错误。并行期间的会计档案应以手工方式下的会计档案为主，电子会计档案为辅。如果出现两种方式结果不一致，要查明原因，纠正错误。

并行期间还要适当安排好实施进度，定期检查，及时总结。如果实施效果不理想，应向软件公司或有关方面的专家咨询，修订实施方案，及时发现并解决问题，缩短并行时间。

(3) 甩账验收。可委托税务、审计等部门或第三方审计机构进行审查，审核验收合格后，就可以进入正式运行阶段，在运行过程中还要不断地进行维护。

【步骤】

上网学习《会计档案管理办法》，并摘抄关于电子会计档案的管理要求。

项目2

系统管理与基础设置

任务2.1　系统管理

工作目标

正确设置操作员；学会建立账套；能够独立完成账套的备份和恢复；正确给操作员赋权；学会修改建立账套时出现的错误或遗漏。

工作岗位

系统管理员、账套主管。

工作导图

初始设置也称初始化，是指将通用会计软件转成专用会计软件，将原有会计业务数据移植到会计软件中的一系列准备工作。这是开展会计电算化工作的基础。系统初始设置工作的好坏直接影响到会计电算化工作的效果。

任务2.1的工作导图见图2-1。

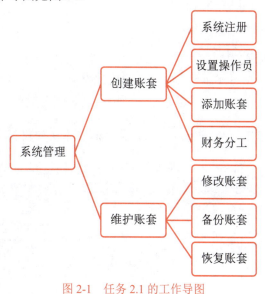

图2-1　任务2.1的工作导图

活动2.1.1　系统注册

【任务】

以系统管理员admin(无密码)身份注册系统管理。

【指导】

系统允许分别以系统管理员和账套主管两种身份注册进入系统管理。

1. 以系统管理员身份注册系统管理

系统管理员负责整个系统的总体控制和维护工作，可以管理该系统中的所有账套。以系统管理员身份注册进入系统，可以进行账套的建立、备份和恢复，设置操作员和账套主管，设置和修改操作员的密码及其权限；可以设置备份计划，监控系统运行过程，清除异常任务等。

2. 以账套主管身份注册系统管理

账套主管负责所管账套的维护工作，主要包括对所管理的账套进行修改或备份，以及对该账套操作员权限的设置；对所选年度内的账套进行管理(包括账套的创建、备份、恢复、删除以及各子系统的年末结转)。

【步骤】

1. 登录畅课堂 PC 端

① 录入畅课堂网址"http//c.chanjet.com"。

② 单击"注册"按钮，录入手机号和密码，选择身份，如教师或学生。

③ 选择本书名(或课程)。

④ 单击"畅课堂激活"按钮，录入教材封底的激活码。

⑤ 进入"我的课程"。

⑥ 选择本书名(或课程名)。若注册为教师身份，除可以使用课程资源、进行实训练习外，还可创建班级、管理学生。

畅课堂PC端应用流程如图2-2所示。

2. 启用系统管理

① 执行"系统"|"注册"命令，如图2-3所示。

做中学：

◇ 启用每个子系统模块时，系统会自动启动系统管理模块，并处于"后台运行"状态。

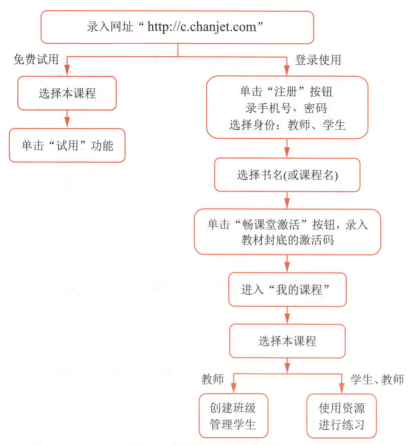

图 2-2 畅课堂 PC 端应用流程

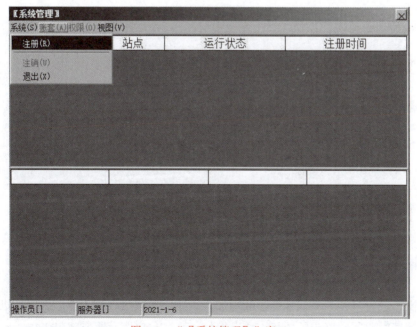

图 2-3 "〖系统管理〗"窗口

② 打开"注册〖控制台〗"对话框。在该对话框中，录入用户名和密码，如图2-4所示。

图 2-4 "注册〖控制台〗"对话框

启用系统管理

做中学：

◇ 系统允许以系统管理员"admin"的身份，也可以以账套主管的身份注册进入系统管理。第一次运行系统时，应用默认的系统管理员"admin"进行登录，原有密码为空。

◇ 在实际工作中，为了保证系统的安全，必须为系统管理员"admin"设置密码。

③ 单击"确定"按钮，启用系统管理。

活动2.1.2 设置操作员

【任务】

在完成活动2.1.1操作的基础上，设置新的账套操作员：

○ 赵海(001)，密码：1；
○ 钱前(002)，密码：2；
○ 刘琴(003)，密码：3。

【指导】

操作员是指有权限登录系统，并对系统进行操作的人员，其作用类似于Windows的用户账号。每次注册登录系统时，都要进行操作员身份的合法性检查。只有设置了具体的操作员，才能进行相关的操作。

操作员管理主要完成操作员的增加、删除、修改等维护工作。因此，进行操作员管理时，需要确定的项目主要有编号、姓名、口令及所属部门等。

【步骤】

① 以系统管理员"admin"身份注册系统管理。

② 在"〖系统管理〗"窗口中，执行"权限"|"操作员"命令，如图2-5所示，进入"操作员"窗口。

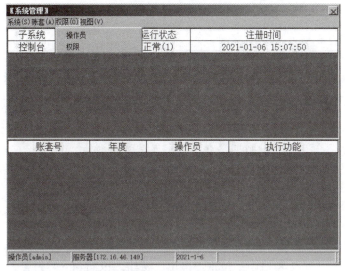

图 2-5　执行"权限"|"操作员"命令

☞ 做中学：

　　◇ 只有系统管理员"admin"才能进行操作员的设置。

③ 在"操作员"窗口中，单击"增加"按钮，打开"增加操作员"对话框。

④ 在"增加操作员"对话框中，"编号"录入"001"；"姓名"录入"赵海"；"口令"和"确认口令"录入"1"；"所属部门"录入"财务部"，如图2-6所示。

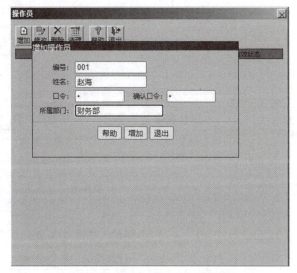

图 2-6　"增加操作员"对话框

做中学：

- 编号。编号是指所设操作员的操作号。编号必须录入且要唯一。
- 姓名。又称注册的用户名，是指有权进入系统的人员名称，如系统管理员、账套主管、系统操作员等。它可以是真实姓名，也可以是代号，若有重名，必须加以区分。
- 口令。即密码，指设置操作员登录系统时的口令。为了保证系统的安全，明确各个岗位的职责及权限，最好设置并牢记口令。在第一次进入系统前，可由系统管理员代为建立密码，并通知操作员本人；进入系统后，再由操作员自行修改。录入时以隐含符号"*"代替所录入的信息。
- 确认口令。必须与前面录入的口令完全一致。
- 所属部门。可以为空，但不能录入非法字符。

⑤ 单击"增加"按钮，系统弹出提示信息，单击"确定"按钮。
⑥ 重复④⑤操作，继续增加其他操作员。增加完毕后，单击"退出"按钮，返回"操作员"窗口。
⑦ 在"操作员"窗口中，单击"退出"按钮，返回"〖系统管理〗"窗口。

设置操作员

做中学：

- 已设置的操作员在未被使用前，可以修改其信息；使用后，则不能删除。
- 可根据实际工作需要随时增加操作员。
- 为保证系统安全、分清责任，应设置操作员口令。

活动2.1.3 建立企业基本信息

【任务】

在完成活动2.1.2操作的基础上，根据表2-1的资料建立账套并设置相关账套信息。

表2-1 青苹果基本信息

账套号	001	账套名称	青苹果	账套启用期	2021年1月
单位名称	北京青苹果科技有限公司			单位简称	青苹果
单位地址	北京市上清路甲2号			法定代表人	肖剑
邮政编码	100088			联系电话及传真号	010-65140452
电子邮件	Service@G_apples.com.cn				
纳税人识别号	911100108200711013			纳税人性质	增值税小规模纳税人
企业类型	工业			行业性质	小企业会计准则(2013年)

(续表)

账套主管	赵海		记账本位币	人民币		
会计科目体系	按行业性质预置科目					
基础信息	暂不进行存货、客户和供应商分类；没有外币核算业务					
编码级次	会计科目	4-2-2-2-2	部门	1-2-2	结算方式	1-2
数据精确度	存货数量和件数的小数位为0；存货单价、开票单价和换算率的小数位为4					
启用系统	总账、工资和固定资产3个子系统					

【指导】

企业在使用会计软件前，首先需要建立自己的基本信息，主要包括核算单位的名称、所属行业、启用时间、编码级次等，这一项工作简称"建账"。然后启用各个子系统模块，进行相应的业务处理。这里所说的"账套"，是指相互关联的一组财务数据。每一个企业(或每一个核算部门)的财务数据在会计软件内都体现为一个账套。换言之，在会计软件中，可以为多个企业(或企业内部多个独立核算的部门)分别立账，且各账套数据之间相互独立、互不影响，使资源得以最大程度地利用。系统最多允许建立999个账套，其中"998"和"999"账套是系统内置的演示账套。

(1) 账套信息。即用于记录新建账套的基本信息，包括已存账套、账套号、账套名称、账套路径和启用会计期。

(2) 核算类型。即用于记录本单位的基本核算信息，主要包括本币代码、本币名称、企业类型、行业性质、账套主管、是否按行业预置科目等。

(3) 基础信息。即选择企业是否有外币核算业务，并确定是否对存货、客户和供应商进行分类管理。

(4) 编码级次。为了便于进行分级核算、统计和管理，系统可以对基础数据的编码进行分级设置，可分级设置的内容主要包括科目编码级次、客户分类编码级次、部门编码级次、地区分类编码级次、存货分类编码级次、收发类别编码级次、结算方式编码级次、供应商分类编码级次等。

(5) 数据精确度。在这里，数据精确度是指各种数据的小数位数。为了满足企业对数量、单价的核算精度的不同需要，系统提供了数据精确度定义功能，主要有存货数量小数位、存货单价小数位、开票单价小数位、件数小数位、换算率小数位等。

【步骤】

1. 录入账套信息

① 在"〖系统管理〗"窗口中，执行"账套"|"建立"命令，进入"添加账套"|"账套信息"对话框。

② 在"添加账套"|"账套信息"对话框中，在"账套号"框中录入"001"，在"账套名称"框中录入"青苹果"，在"启用会计期"框中录入"2021"年"1"月，如图2-7所示。

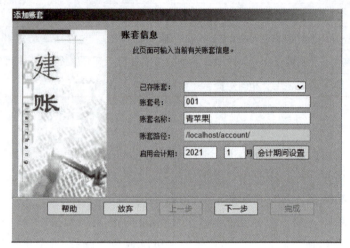

图2-7 "添加账套"|"账套信息"对话框

☞ 做中学：

◇ 已存账套。即已建立的账套。其目的是避免重复建账，只能参照选择，不能录入或修改。初次使用会计软件，"已存账套"为空。

◇ 账套号。又称账套代码，即添加账套的编号。账套号不能重复，一个编号对应一个核算单位名称；账套号必须录入，可以进行修改，只能录入3个字符(为001~999之间的数字，且不得与已存账套的账套号重复)。

◇ 账套名称。即添加账套的核算单位名称。其目的是在打印账簿和报表时显示，使用者可识别自己的账套。账套名称必须手动录入，且不超过40个字符。

◇ 账套路径。即保存添加账套的路径。系统默认的路径为"/localhost/account/"。

◇ 启用会计期。即启用新账套的时间。其目的是便于确定应用会计软件的起点，确保证、账、表数据的连续性。启用日期应在第一次初始设置时确定，一般为计算机系统的时间，要注意调整正确，设定后将不能更改。

③ 单击"下一步"按钮，打开"添加账套"|"单位信息"对话框。

④ 在"添加账套"|"单位信息"对话框中，依次录入单位名称、单位简称、单位地址、法人代表、邮政编码、联系电话、传真、电子邮件及税号等信息，如图2-8所示。

图 2-8 "添加账套"|"单位信息"对话框

☞ **做中学：**

◇ 单位简称必须录入。

◇ 为方便与税控系统对接，准确开具增值税发票，务必正确录入单位名称、单位地址、税号等信息。

⑤ 单击"下一步"按钮，打开"添加账套"|"核算类型"对话框。

2. 选择核算类型

① 在"添加账套"|"核算类型"对话框中，默认系统提供的"本币代码"和"本币名称"。

② 单击"企业类型"下拉按钮，选择"工业"；单击"行业性质"下拉按钮，选择"小企业会计准则(2013年)"；单击"账套主管"下拉按钮，选择"[001]赵海"。

③ 单击选中"按行业性质预置科目"复选框，如图2-9所示。

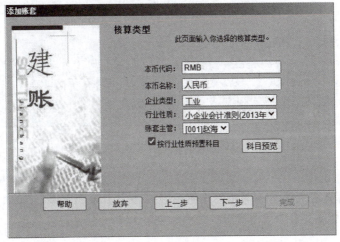

图 2-9 "添加账套|"核算类型"对话框

做中学：

◇ **本币代码**。即会计核算时新账套采用的本位币代码，如"RMB"。

◇ **本币名称**。即会计核算时新账套采用的本位币名称，如"人民币"，此项为必有项。

◇ **企业类型**。即与新账套类型相同或最相近的类型。

◇ **行业性质**。即新账套所属的行业性质。其目的是更加合理地使用系统内预置的会计科目体系及报表格式。

◇ **账套主管**。即新账套的账套主管。

◇ **按行业性质预置科目**。建议先进行"科目预览"，认为系统预置的会计科目体系能够满足要求，则单击选中该复选框，可以快速建立新账套的会计科目体系；否则，就默认为空，系统可自行建立。如果企业规模小，业务量不大，涉及的会计科目不多，建议自行建立会计科目体系，这样效果更好。本案例暂时选择"按行业性质预置科目"。

选择核算类型

④ 单击"下一步"按钮，打开"添加账套"|"基础信息"对话框。

3. 设置基础信息

① 在"添加账套"|"基础信息"对话框中，根据案例给出的资料，暂不进行存货、客户和供应商分类，没有外币核算业务，如图2-10所示。

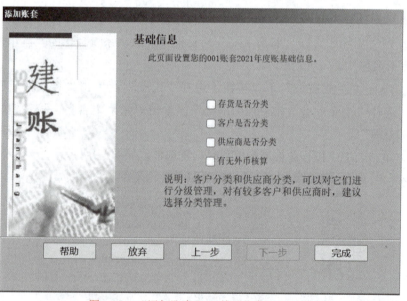

图2-10 "添加账套"|"基础信息"对话框

做中学：

◇ **存货是否分类**。如果新账套的存货较多，且类别繁多，应对存货进行分类管理；如果存货较少且类别单一，可以简化核算，不进行存货分类。

◇ 客户是否分类。如果新账套的客户较多，应对客户进行分类管理；否则也可以选择不进行客户分类。

◇ 供应商是否分类。设置要求与"客户是否分类"一致，此处不做介绍。

◇ 有无外币核算。如果新账套有外币业务，包括用外币进行交易业务或用外币发放工资等，应做出选择。

设置基础信息

② 单击"完成"按钮，打开"编码级次"对话框。

4. 设置编码级次

① 在"编码级次"对话框中，根据案例给出的资料，分别修改"科目"和"部门"两项的"编码级次"，如图2-11所示。

项目	最大级数	最大长度	单级最大长度	是否分类	第1级	第2级	第3级	第4级	第5级	第6级	第7级	第8级	第9级
科目编码级次	9	15	9	是	4	2	2	2					
客户分类编码级次	5	12	9	否	2								
部门编码级次	5	12	9	是	1	2							
地区分类编码级次	5	12	9	是	2	3	4						
存货分类编码级次	8	12	9	否	2								
货位编码级次	8	20	9	是	1	1	1	1	1	1	1	1	
收发类别编码级次	3	5	9	是	1	1							
结算方式编码级次	2	3	3	是	1	2							
供应商分类编码级次	5	12	9	否	2								

说明：背景色为灰色的，用户不能调整

图2-11 "编码级次"对话框

⌘ 做中学：

◇ 编码级次和各级编码长度的设置，将决定新账套如何对经济业务数据进行分级核算、统计和管理。

◇ 编码级次通常采用群码方式，其做法是：分段组合编码，每一段有固定的位数。例如，科目编码级次是4-2-2-2，表示会计科目编码的总级长为10位数(4+2+2+2)，由4段组合编码组成，其中第1段编码按照会计准则要求，为4位数；第2至4段由企业自行决定，各为两位数。

◇ 必须事先定义好会计科目的编码级次，否则会导致会计科目设置的失败。

② 单击"确认"按钮，打开"数据精确度定义"对话框。

5. 定义数据精确度

① 在"数据精确度定义"对话框中，根据案例给出的资料，录入各项小数位，如图2-12所示。

35

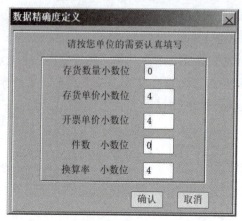

图 2-12 "数据精确度定义"对话框

定义数据精确度

② 单击"确认"按钮,系统弹出"创建账套{青苹果:[001]}成功"提示信息。

③ 单击"确定"按钮,系统再次弹出"是否立即启用账套?"提示信息,单击"确定"按钮,进入"系统启用"窗口。

6. 系统启用

① 在"系统启用"窗口中,单击选中"GL 总账"复选框,打开"日历"选择对话框,选择日期为"2021年1月1日",完成总账系统的启用设置。

② 重复以上操作步骤,继续完成固定资产和工资管理的启用设置,如图2-13所示。

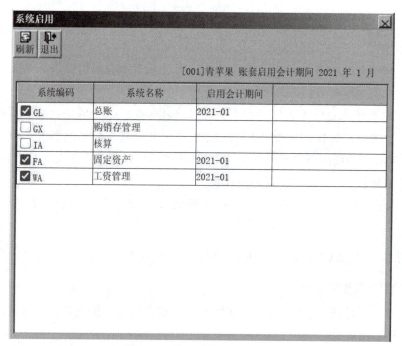

图 2-13 总账系统的启用设置

做中学：

◇ 启用系统是指设定在会计信息系统中的各个子系统开始使用的日期。完成启用操作后，操作员才能登录该子系统。

◇ 系统启用的方法有两种：一是在创建账套时启用系统；二是在账套建立完成后，由账套主管完成系统的启用。

③ 单击"退出"按钮，返回"〖系统管理〗"窗口。

④ 执行"系统"|"退出"命令，退出系统管理。

系统启用

活动2.1.4　账套维护

【任务】

在完成活动2.1.3操作的基础上，继续完成以下工作任务：

(1) 增加"[001]青苹果"账套"单位信息"中的"备注二"内容"企业公众号：青苹果乐园"。

(2) 将"[001]青苹果"账套数据备份到计算机端的硬盘(如E盘)的"001青苹果账套备份"文件夹中。

(3) 将已备份的"[001]青苹果"账套数据恢复到系统中。

【指导】

所谓账套维护，就是对系统中的账套数据进行修改、备份、恢复、删除等。

1. 修改账套

当系统管理员添加账套，或者账套主管建立年度账后，在未使用相关信息的基础上，需要对某些信息进行调整，或者经过一段时间的运行，发现需要修改或补充某些信息，此时，可以通过"修改账套"功能来完成。

为了确保账套数据的安全，系统设定只有账套主管才有权使用"修改账套"功能。该功能还可以用来查询某个账套的基本信息。

2. 备份账套

备份账套即备份会计数据，就是将所选账套的数据备份到硬盘、光盘或云盘中保存起来。

对于系统管理员来讲，定时将企业数据备份出来并存储到不同的介质上，是十分重要的。例如，当遇到不可抗力因素(如地震、火灾等)，或者发生计算机病毒、人为的误操作等情形时，运行中的系统数据就有可能会遭受破坏，此时，恢复已备份的账套数据，就能使企业的各项业务得以正常进行，从而将损失降到最小。当然，对于税务、审计、统计等管理机构，此种方法可以解决稽查、审计和数据汇总的问题。

3. 恢复账套

恢复账套即恢复会计数据，是指把硬盘、光盘或云盘上的数据恢复到系统中，即利用备份数据覆盖当前状态数据。遇到以下情形时，可以通过"恢复账套"来完成：系统数据被破坏时；当硬盘上某年的数据(账、证)已被删除，但又需要查询时；将系统外某账套数据导入本系统时，如母公司定期导入子公司的账套数据到系统，以便进行有关账套数据的分析和合并工作。

4. 删除账套

如果系统内的账套已不需要继续保存，则可将其删除。

【步骤】

1. 修改账套

① 以账套主管"001　赵海"的身份注册系统管理。选择"[001]青苹果"账套，单击"确定"按钮，进入"〖系统管理〗"窗口。

◇ 做中学：

✧ 若当前操作员不是账套主管，则应先注销，然后再由账套主管注册进入"系统管理"模块。

② 在"〖系统管理〗"窗口中，执行"账套"|"修改"命令，打开"修改账套"|"单位信息"对话框。

③ 在"修改账套"|"单位信息"对话框中，在"备注二："框中录入"企业公众号：青苹果乐园"，如图2-14所示。

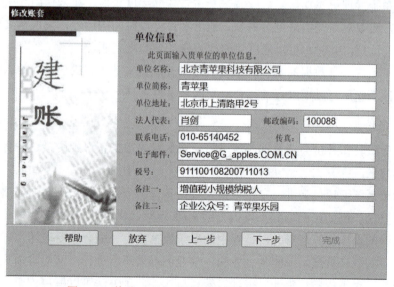

图2-14　修改"[001]青苹果"账套的"单位信息"

修改账套

④ 连续单击"下一步"按钮，最后单击"完成"按钮，完成"[001]青苹果"账套的修改。

2. 备份账套

① 在E盘中建立"[001]青苹果账套备份"文件夹。

② 以系统管理员"admin"身份注册系统管理。在"〖系统管理〗"窗口中，执行"账套"|"备份"命令，打开"备份账套"对话框。

③ 在"备份账套"对话框中，单击"选择要备份的账套"下拉按钮，选择"[001]青苹果"，如图2-15所示。

图2-15 "备份账套"对话框

④ 单击"备份导出"按钮，系统弹出"您确定要进行账套的备份吗？"提示信息，单击"确定"按钮，经过压缩进程，打开"新建下载任务"对话框，修改文件名后单击"浏览"按钮，将账套数据保存到指定的备份文件夹中。

⑤ 单击"下载"按钮，系统弹出"请将账套文件进行保存，保存完成后，弹出'完成'退出！"提示信息，单击"完成"按钮。

备份账套

做中学：

◇ 建议在每次备份时都新建一个文件夹，并对该备份文件命名。
◇ 应该在每月月末结账前进行账套备份。
◇ 只有系统管理员"Admin"才有权进行账套备份。
◇ 备份账套时，必须关闭所有系统模块。

3. 恢复账套

① 以系统管理员"admin"身份注册系统管理。在"〖系统管理〗"窗口中，执行"账套"|"恢复"命令，打开"恢复账套"对话框。

② 在"恢复账套"对话框中，选择"E：\[001]青苹果账套备份\"中的数据文件，单击"导入"按钮，如图2-16所示。

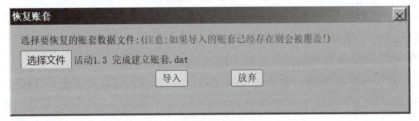

图2-16 "恢复账套"对话框

恢复账套

【做中学】

◇ 恢复备份数据会将系统中现有的数据覆盖，容易错把最新数据变成旧数据，因此，如果没有发现数据损坏，一般不用进行数据恢复。

◇ 如果需要恢复往年的数据，必须先对当前数据进行备份，保存最新的数据，再恢复往年的数据。

【报告】

本活动的账套数据可通过扫描左侧二维码下载。此数据既可以用作活动2.1.5的初始数据，也可以与当前操作结果进行核对。

活动2.1.4 账套数据

活动2.1.5 财务分工

【任务】

在完成活动2.1.4操作的基础上，根据表2-2的资料进行财务分工。

表2-2 操作员职务及其权限

编号	姓名	职务	权限
001	赵海	主管	拥有全部权限
002	钱前	会计	总账系统：填制和查询凭证
003	刘琴	出纳	货币资金收付款业务；出纳签字；查询日记账

【指导】

财务分工，即财务权限的设置或操作员权限的管理，是指对允许使用畅捷通T3云财务平台的操作员规定操作权限。为了保证系统及数据的安全与保密，系统提供了操作员设置功能，以便在系统上进行操作分工及权限控制。

系统管理员和账套主管都可以对系统操作员进行分工以及给操作员赋权。它的作用是：一方面可避免与本业务无关的人员对系统进行操作；另一方面可以协调系统所含的各个子系统的操作，以保证系统的安全与保密。

设置操作员权限只能由系统管理员或账套主管来操作。换言之，系统管理员和账套主管都可注册系统管理，但他们进入系统后所具有的权限是不同的，主要区别如下：

(1) 企业"账套"由系统管理员建立，并负责整个系统的安全和维护工作，而账套主管只负责所管账套的维护工作。

(2) 系统管理员可进行账套管理(包括账套的建立、恢复和备份)，以及操作员及其权限的设置。而账套主管只能对所选账套进行修改，以及所选年度内账套的管理(包括账套的创建、清空、恢复、备份和年末结转)，可以对该账套操作员权限进行设置。

(3) 系统管理员有权设置或删除"账套主管"。

(4) 账套主管在所选账套中拥有全部权限,系统管理员无须对账套主管的权限进行增加或删除。若以账套主管身份注册系统管理,则只能对非账套主管的操作员进行赋权。

【步骤】

1. 确定账套主管

① 以系统管理员"admin"身份注册系统管理。在"〖系统管理〗"窗口中,执行"权限"|"权限"命令,进入操作员"权限"窗口,如图2-17所示。

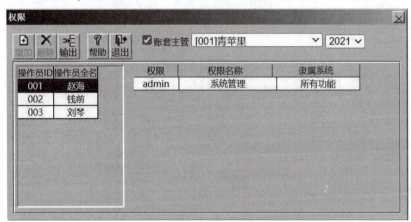

图2-17 操作员"权限"窗口

☞ 做中学:

◆ 以账套主管身份注册系统管理,不能指定新的账套主管。

◆ 一个账套中只能设一个系统管理员,但可以设置多个账套主管,一个操作员也可以担任多个账套的账套主管。

② 默认"001 赵海"为"[001]青苹果账套"的"账套主管",并具有该账套的全部权限。

确定账套主管

2. 给操作员赋权

① 选择操作员"002 钱前",如图2-18所示。

② 单击"增加"按钮,打开"增加权限"对话框。

③ 在"增加权限"对话框中,双击左框中的"GL总账"系统,使之变为蓝色。

④ 根据案例给出的资料,在右框中双击需取消的权限项,使之变为白色,如图2-19所示。

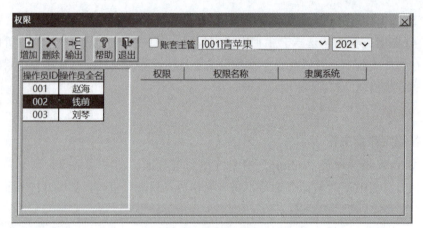

图2-18 选择操作员

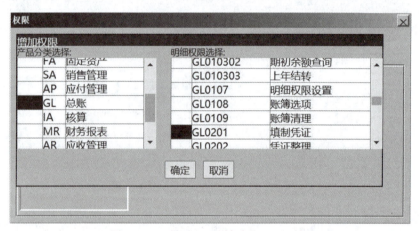

图2-19 "权限"|"增加权限"对话框

📖 **做中学：**

◇ 左框中列示了已安装的子系统，当双击某子系统时，系统自动将右框中属于该系统的明细权限全部选中。

◇ 可以采取按组方式取消已选中的明细权限。

◇ 在设置操作员权限后，可以根据实际需要随时进行修改。

⑤ 单击"确定"按钮，系统弹出"添加成功！"提示信息。

⑥ 单击"确定"按钮，返回"权限"窗口。

⑦ 继续给"003 刘琴"赋权，完成后单击"退出"按钮，返回"〖系统管理〗"窗口。

给操作员赋权

活动2.1.5
账套数据

【报告】

本活动的账套数据可通过扫描左侧二维码下载。此数据既可以用作活动2.2.1的初始数据，也可以与当前操作结果进行核对。

任务2.2 建立基础信息

工作目标

正确设置部门档案、职员档案、供应商档案、会计科目、凭证类型和结算方式。

工作岗位

账套主管。

工作导图

由于一个账套是由若干个子系统构成的，因此，建立基础设置，就是设置公共基础信息。它是初始设置中非常重要的一项工作，其中很多项目的设置直接关系到会计软件的功能能否被正确、充分地使用。

经过整理的基础信息除了编码级次和数据精确度在创建账套时设置外，其他基础信息都应在"信息门户"中设置，当然也可在子系统模块中设置。本账套的基础信息均为共享信息。

为了实现财务智能化，账套的基础信息有若干项。在这里，账套主管的工作主要包括设置部门档案、职员档案、供应商档案、会计科目、凭证类型和结算方式。

任务2.2的工作导图见图2-20。

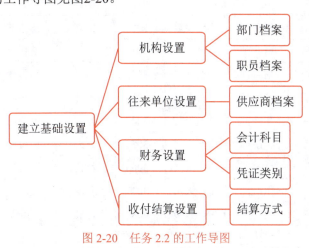

图2-20　任务2.2的工作导图

活动2.2.1　机构设置

【任务】

在完成活动2.1.5操作的基础上，继续完成以下工作任务：

(1) 根据表2-3的资料建立企业的部门档案。

表2-3 部门档案

部门编码	部门名称	负责人	部门属性	电话	地址
1	企划部	秦立	管理兼技术	8100	A座三层305房
101	办公室	陈芳	行政管理	8101	A座三层301房
102	财务部	赵海	财务管理	8102	A座三层306房
103	公关部	谢园园	客户管理	8103	A座四层
2	制造部	周舟	生产管理	8200	B座二层201房
201	生产部	李路	基本生产	8201	B座一层
202	维修部	梁冰	辅助生产	8202	B座二层
3	市场部	王超	市场管理	8300	A座一层101房
301	销售部	马汉	销售	8301	A座一层105房
302	采购部	宋涛	采购	8302	A座一层108房

(2) 根据表2-4的资料建立企业的职员档案。

表2-4 职员档案

职员编号	职员名称	所属部门	职员属性	职员编号	职员名称	所属部门	职员属性
101	秦立	办公室	总经理	207	曹颖	生产部	生产人员
102	陈芳	办公室	秘书	208	梁冰	维修部	维修主管
103	赵海	财务部	会计主管	209	王亮	维修部	维修人员
104	钱前	财务部	会计	301	王超	销售部	营销经理
105	刘琴	财务部	出纳	302	马汉	销售部	销售主管
106	谢园园	公关部	公关经理	303	赵虎	销售部	销售人员
201	周舟	生产部	制造经理	304	叶清	销售部	销售人员
202	李路	生产部	生产主管	305	方宏	销售部	销售人员
203	付迪	生产部	生产人员	306	司徒	销售部	销售人员
204	周放	生产部	生产人员	307	宋涛	采购部	采购主管
205	朱冲	生产部	生产人员	308	韩磊	采购部	采购人员
206	郭民	生产部	生产人员				

【指导】

1. 部门与部门档案

这里的"部门",是指列入本账套管理范围的、具有分别进行财务核算或业务管理要求的单元体,与实际的职能部门不一定一一对应,如生产、采购、销售等部门。

在会计核算中,往往需要分部门进行核算和汇总。为了使具有隶属关系的上下级部门之间所产生的数据实现智能化汇总,首先要设置部门档案,主要包含部门编码、名称、负责人、部门属性、信用信息等内容。

设置部门档案时,必须按照已定义好的部门编码级次原则录入相应的部门编号及其信息。例如,"[001]青苹果"的部门档案编码级次是1-2-2,表示总级长是5位,由3段组合编码组成,其中,第1段编码级次为1位;第2段和第3段的编码级次都是2位。

2. 职员与职员档案

这里的"职员"指参与企业的业务活动且需要对其进行核算和业务管理的人员,如总经理、会计、出纳、采购员、销售员等。职员档案主要用于记录本单位使用会计信息系统的职员列表,包括职员编号、名称、所属部门及职员属性等。

【步骤】

以账套主管"001　赵海"身份单击"信息门户"图标,注册进入"注册〖控制台〗",进行基础信息设置。

1. 设置部门档案

① 在"信息门户"界面中,执行"基础设置"|"机构设置"|"部门档案"命令,进入"部门档案"窗口。

② 在"部门档案"窗口中,单击"增加"按钮。

③ 在右框中录入部门编码、部门名称、部门属性等信息,如图2-21所示。

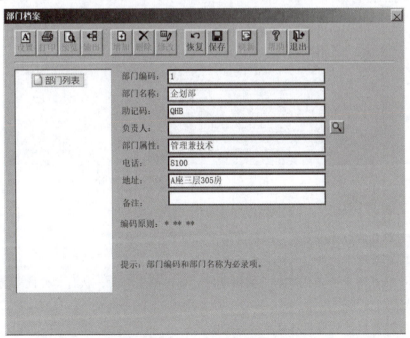

图 2-21　"部门档案"窗口

☞ 做中学：

◇ 部门编码应符合编码级次原则，部门编码及其名称必须唯一。

◇ 部门档案中的负责人应在职员档案设置完毕后，再回到部门档案中，使用修改功能补充设置。

◇ 引用某部门后就不能修改和删除该部门。

④ 单击"保存"按钮，保存已建好的部门档案。

⑤ 重复②～④操作步骤，继续增加其他部门的档案信息。增加完毕后，单击"退出"按钮。

设置部门档案

2. 设置职员档案

① 在"信息门户"界面中，执行"基础设置"|"机构设置"|"职员档案"命令，进入"职员档案"窗口。

② 依次录入职员编号、职员名称、职员助记码、所属部门及职员属性等信息，如图2-22所示。

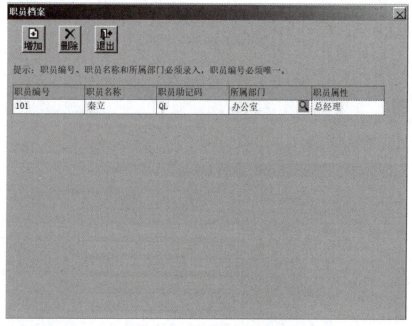

图2-22 "职员档案"窗口

☞ 做中学：

◇ 职员名称可以重复，但职员编号必须唯一。

◇ 职员所属的部门只能是末级部门。

◇ 职员档案设置完毕后，建议返回"部门档案"中，执行"修改"功能补充负责人的信息。

◇ 某个职员被引用后就不能再修改。

③ 单击"增加"按钮，保存。
④ 重复②③操作步骤，继续增加其他职员档案。增加完毕后，单击"退出"按钮。

设置职员档案

☞ **做中学：**
◇ 录入最后一位职员档案后，必须单击"增加"按钮，否则该条记录保存失败。

活动2.2.2　设置往来单位

【任务】
在完成活动2.2.1操作的基础上，根据表2-5的资料设置供应商档案。

表2-5　供应商档案

编号	供应商名称	简称	纳税人登记号	法定代表人	开户银行	银行账号
001	北京HLW公司	HLW	91110010008271161X	江洪涛	中国工商银行银地支行	0210200000009834199

【指导】
会计信息系统中的"往来"与手工会计核算中的"往来"是有区别的。在手工会计核算中，往来是指对资金往来业务涉及的往来科目进行管理，包括应收账款、应收票据、预付账款、其他应收款、应付账款、应付票据、预收账款、其他应付款等会计科目。而会计信息系统中，"往来"并不仅仅是指对往来科目进行管理，而是对往来单位和往来个人的辅助管理，具体需要对哪些科目进行往来管理，应视企业会计核算与财务管理的具体要求而定。

会计信息系统中的往来管理一般包括个人(职工)往来管理、单位(客户和供应商)往来管理。其中，个人往来管理是指对企业与企业内部职工发生的往来业务进行管理；单位往来管理是指对企业与外部单位发生的各种债权债务业务进行管理。

由于个人往来和单位往来的处理技术基本相同，因此，本书主要介绍单位往来科目的核算与管理。

对每一个被定义为往来核算的会计科目，都要建立相应的往来单位档案。将每一往来单位的详细信息(卡片)录入档案中，系统会自动形成档案列表。其信息的主要内容及说明如下：

(1) 编号和名称。编号和名称不得为空，编号必须唯一，以便调用或查询该往来单位的基本信息，从而实现智能化管理。

(2) 分类。如果需要进行分类，则选定正确的往来单位类别。

(3) 所属行业。根据往来单位的性质选取。

此外，还有邮政编码、纳税人登记号、开户银行、银行账号、法定代表人、联系人、电话、地址、传真、专管业务员、信用等级、付款条件等信息。这些信息越详细越好，以便查询或调用，加强往来单位关系管理。

在系统使用前，必须建立好往来单位档案，在使用时随着经济业务的扩展，可以随时追加新的往来单位信息，年末也可将不再有往来业务联系的单位信息删除。但是，删除时该往来单位的所有业务必须全部经过核销。

【步骤】

① 以账套主管"001　赵海"身份注册"信息门户"。

② 在"信息门户"界面中，执行"基础设置"|"往来单位"|"供应商档案"命令，进入"供应商档案"窗口。

③ 将光标放在左框中的最末级供应商分类"(00)无分类"，单击"增加"按钮，进入"供应商档案卡片"窗口。

④ 在"供应商档案卡片"窗口中，根据实际情况设置供应商档案，如图2-23所示。

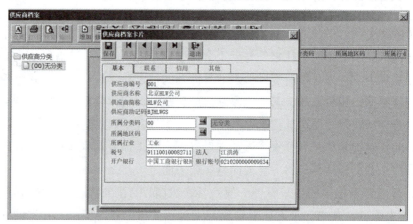

图 2-23　"供应商档案卡片"窗口

做中学：

◇ 供应商编号、名称和简称必须录入，且不能与已有的供应商档案重复。

◇ 应付余额是企业应付给供应商的欠款额。

◇ 扣率是供应商给企业的固定折扣率。

◇ 信用等级是企业根据历史合作关系对供应商评定的信用等级，也可以参照全国企业征信系统管理平台提供的相关信息加以确定。

◇ 信用额度是供应商与企业商定应付款的一般额度。超过这个额度，供应商就会发出催款单(函)。

◇ 付款条件是用于采购单据中付款条件的缺省取值。
◇ 最后交易日期、最后交易金额、最后付款日期、最后付款金额由系统自动记录。

⑤ 单击"保存"按钮。
⑥ 供应商档案设置完毕后,单击"退出"按钮。
⑦ 单击"退出"按钮,返回"信息门户"界面。

设置往来单位

做中学:
◇ 客户档案设置的操作步骤与供应商档案的设置步骤基本一致。

活动2.2.3 设置会计科目

【任务】
在完成活动2.2.2操作的基础上,继续完成以下工作任务:
(1) 根据表2-6的资料增加会计科目。

表2-6 会计科目表

科目名称	核算类型	账页格式	计量单位	方向	年初余额
库存现金(1001)	日记账	金额式		借	
银行存款(1002)	银行账、日记账	金额式		借	
在途物资(1402)		金额式		借	
原材料(1403)		数量金额式		借	
外壳(140301)		数量金额式	个	借	
库存商品(1405)		数量金额式			
手环(140501)		数量金额式	个	借	
固定资产(1601)		金额式		借	
累计折旧(1602)		金额式		贷	
无形资产(1701)		金额式		借	
短期借款(2001)		金额式		贷	
应付账款(2202)	供应商往来	金额式		贷	
应付职工薪酬(2211)		金额式		贷	
职工工资(221101)		金额式		贷	
职工福利费(221103)		金额式		贷	
应交税费(2221)		金额式		贷	
应交增值税(222101)		金额式		贷	
进项税额(22210101)		金额式		贷	
销项税额(22210106)		金额式		贷	

(续表)

科目名称	核算类型	账页格式	计量单位	方向	年初余额
未交增值税(222102)		金额式		贷	
应付利息(2231)		金额式		贷	
其他应付款(2241)		金额式		贷	
长期借款(2501)		金额式		贷	
本金(250101)		金额式		贷	
应计利息(250102)		金额式		贷	
实收资本(3001)		金额式		贷	
肖 剑(300101)		金额式		贷	
余 航(300102)		金额式		贷	
叶 舟(300103)		金额式		贷	
本年利润(3103)		金额式		贷	
利润分配(3104)		金额式		贷	
生产成本(4001)		金额式		借	
基本生产成本(400101)		金额式		借	
辅助生产成本(400102)		金额式		借	
制造费用(4101)		金额式		借	
税金及附加(5403)		金额式		借	
销售费用(5601)		金额式		借	
薪酬费用(560107)		金额式		借	
折旧费用(560108)		金额式		借	
管理费用(5602)	部门核算	金额式		借	
办公费(560201)	部门核算	金额式		借	
薪酬费用(560209)	部门核算	金额式		借	
折旧费用(560210)	部门核算	金额式		借	
其他费用(560299)	部门核算	金额式		借	
财务费用(5603)		金额式		借	

注：暂不设受控系统。

(2) 指定出纳签字会计科目：现金总账科目中的"库存现金"；银行总账科目中的"银行存款"。

【指导】

会计科目是对会计对象的具体内容进行分类核算的目录，它是填制凭证、登记账簿、编制报表的基础。会计科目设置的完整性影响着会计工作的顺利实施，同时会计科目设置的层次深度也直接影响会计核算的详细、精准程度。因此，科目设置的完整性、详细程度对于整个财务系统尤其重要，应在创建科目、科目属性描述、账户分类上提供尽可能的方便和校验保障。

1. 设置会计科目的原则

总账系统中所采用的一级会计科目，必须符合企业会计准则的规定；而对于明细科目，各单位可根据实际情况，在满足核算和管理要求及报表数据来源的基础上自行设定。为了实现财务智能化，实时提供会计信息，企业在建立会计科目体系时应遵循以下原则：

(1) 必须满足会计核算与经济管理的要求。企业在进行账务处理时，资产、负债、所有者权益、成本和损益各类科目中所有可能用到的各级明细科目均需设置。

(2) 必须满足财务报表编制的要求。凡是报表所用的数据，需要从总账系统中取数的，必须设立相应的科目。

(3) 必须保持科目与科目之间的协调性和体系完整性。不能只有下级科目，而没有上级科目。既要设置总账科目又要设置明细科目，以提供总括和详细的会计核算资料。

(4) 必须保持相对稳定，会计期间不能任意删除，也不能直接增设下一级明细科目。一级会计科目名称遵循现行企业会计准则的规定；明细科目的名称要通俗易懂，具有普遍的适用性。

(5) 必须考虑与其他子系统的衔接。这是因为，在总账系统中，只有末级会计科目才允许有发生额，才能接收各子系统转入的数据。

2. 设置会计科目的主要项目

设置会计科目就是将企业会计科目逐一录入会计信息系统中。在设置会计科目时，录入的基本内容包括会计科目编码、科目名称、科目类型、账页格式、辅助核算等项目。

3. 增加会计科目

在建立账套时，如果选择预置"按行业预置会计科目"，则在设置会计科目时只需对不同的会计科目进行修改，对缺少的会计科目进行增加；如果选择不预留行业会计科目，则应根据自身的需要自行设置全部会计科目。

为了加快建立会计科目的速度和准确性，还可以对下级科目或者同级属性相近的科目进行复制，这样只需稍作改动即可完成增加工作。

4. 修改会计科目

如果需要对预置会计科目的某些项目(如科目名称、账页格式、辅助核算、汇总打印、封存标识等)进行修改，则通过"修改"功能来完成。例如，按现行财税政策要求将"5403 营业税金及附加"科目改为"5403 税金及附加"科目。

在建立会计科目时，对有辅助核算要求的科目，需要指定辅助核算方式，以便在录入凭证时,录入相应的附加内容。例如,可以将"管理费用"科目设为部门核算;"生产成本"设为项目核算;"其他应收款"设为个人往来核算;"应收账款"设为客户往来核算;"应付账款"设为供应商往来核算;"原材料"设为数量金额核算;"银行存款——外币存款户"设为外币核算等。

5. 指定科目

指定会计科目即确定出纳人员的专管科目,如现金总账科目、银行总账科目。其目的是可以在出纳功能中查询现金日记账、银行存款日记账,进行银行对账及在制单中进行支票控制和资金赤字控制,从而加强企业的货币资金管理。一般情况下,现金科目应设为日记账;银行存款科目应设为银行账和日记账。

6. 删除会计科目

假设某些科目在未来一段时间不使用或者不适合企业科目体系的特点,可以将其删除。其操作步骤是:选择要删除的会计科目,执行"编辑"|"删除"命令,或单击"删除"按钮,打开"删除记录"对话框,单击"确定"按钮。

值得注意的是:删除的科目不能自动恢复,以后如需恢复该科目,应通过"增加"功能来完成。如果科目中已录入期初余额或已制单,则不能被删除。被指定为现金银行科目的会计科目不能删除,如想删除必须先取消指定。

【步骤】

以账套主管"001 赵海"身份注册"信息门户"。

1. 增加会计科目

下面以增加会计科目"长期借款——本金(250101)"为例说明其操作步骤。

① 在"信息门户"界面中,执行"基础设置"|"财务"|"会计科目"命令,打开"会计科目"窗口,如图2-24所示。

图2-24 "会计科目"窗口

② 预览系统预置的会计科目表的详细属性，如"1001库存现金"科目与所选行业会计科目应一致。

③ 单击"增加"按钮，打开"新增科目"对话框。

④ 在"新增科目"对话框中，依次录入科目编码、科目中文名称、账页格式等内容，如图2-25所示。

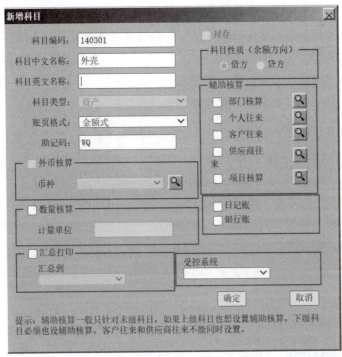

图 2-25 "新增科目"对话框

☞ 做中学：

◇ 科目编码。一级科目编码为企业会计准则统一的会计科目编码；明细科目编码要按照创建账套时的科目编码级次进行设置。录入科目编号时，首先，要满足科目编码级次的各级位数要求，通常的方法是同级科目按顺序排列，以序号作为本级科目编码，加上上级科目编码，组成本级科目全编码，即：本级科目全编码=上一级科目全编码+本级科目编码。其次，要满足唯一性要求。第三，要录入新增的会计科目，其上级科目必须已经存在。值得注意的是，科目级长如设定为两位，在编码设计时，如果科目在十个以下，编码的十位数必须以"0"表示。

◇ 科目名称。包括中文名称和英文名称。它是证、账、表上显示和打印的标志，也是企业与外部交流信息所使用的标志。因此，录入科目名称时，应尽量避免重名，以免影响科目运用的准确性。

◇ 科目类型。按照小企业会计准则规定，科目类型分为五大类，即资产类、负债类、所有者权益类、成本类和损益类。

◇ 账页格式。即根据企业会计核算和经营管理的需要规定每个科目输出的会计账页格式，系统内置了金额式、外币金额式、数量金额式和数量外币式4种。

◇ 辅助核算。为了满足企业对某些会计业务的核算和管理，企业除了完成一般的总账、明细账核算设置外，还可以设置辅助核算账，为企业管理者提供更加准确、全面、详细的会计信息。辅助核算主要包括外币核算、数量核算、部门核算、个人往来、客户往来、供应商往来和项目核算，另外，出纳辅助账还有银行账和日记账。

增加会计科目

⑤ 单击"确定"按钮，保存新增科目。

⑥ 重复③～⑤操作步骤，继续增加其他会计科目。

2. 修改会计科目

下面以修改会计科目"库存现金(1001)"为例说明其操作步骤。

① 在"会计科目"窗口中，将光标放在需修改的会计科目上，如"1001库存现金"。单击"修改"按钮或双击该会计科目，打开"修改科目"对话框。

② 在"修改科目"对话框中，单击选中"日记账"复选框，如图2-26所示。

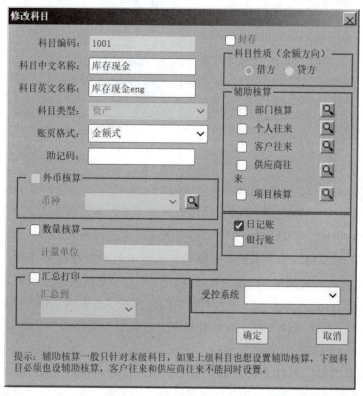

图2-26 "修改科目"对话框

做中学：

◇ 辅助核算要求设在最底层的科目上，但为了查询或出账方便，其上级也可以设置辅助核算。辅助核算一旦设置并使用，则不能随意修改，以免造成账簿数据的混乱。

◇ 已有数据的科目不能修改其性质。

◇ 被封存的科目在制单时无法使用。

③ 单击"确定"按钮，保存修改科目。

④ 重复②③操作步骤，继续修改"1002 银行存款"科目。

修改会计科目

3. 指定科目

① 在"会计科目"窗口中，执行"编辑"|"指定科目"命令，打开"指定科目"对话框。

② 在"指定科目"对话框中，单击"现金总账科目"单选按钮。

③ 在"待选科目"框中，选择"1001库存现金"科目。单击">"按钮，系统自动将其列入"已选科目"框中，如图2-27所示。

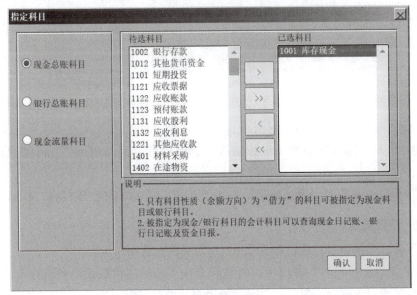

图 2-27 指定现金科目

④ 单击"银行总账科目"单选按钮，在"待选科目"框中，选择"1002银行存款"科目。单击">"按钮，系统自动将其列入"已选科目"框中。

⑤ 单击"确认"按钮，返回。

指定科目

4. 设置数量核算

下面以会计科目"原材料——外盒(140301)"为例说明其操作步骤。

① 在"会计科目"窗口中，将光标放在"140301 外壳"科目行上，单击"修改"或双击该会计科目，打开"修改科目"对话框。

② 在"修改科目"对话框中,单击"账页格式"下拉按钮,在下拉列表框中选择"数量金额式"。

③ 单击选中"数量核算"复选框,录入计量单位"个",如图2-28所示。

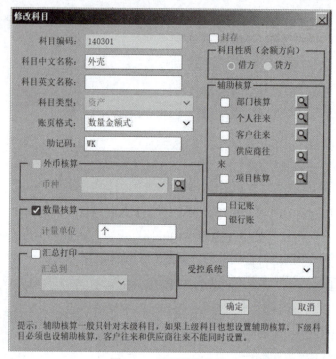

图2-28 设置数量核算

设置数量核算

④ 单击"确定"按钮,返回。

⑤ 重复③④操作步骤,继续修改"140501库存商品/手环"科目的数量核算账。

⑥ 全部会计科目设置完毕后,单击"退出"按钮,返回"信息门户"界面。

5. 设置辅助核算

下面以会计科目"应付账款(2202)"为例说明其操作步骤。

① 在"会计科目"窗口中,将光标放在"2202应付账款"科目行上,单击"修改"或双击该会计科目,打开"修改科目"对话框。

② 在"修改科目"对话框中,单击选中"供应商往来"复选框,再单击"受控系统"下拉按钮,在下拉列表框中选择空白处,如图2-29所示。

☞ 做中学:

◇ 已有数据的科目,不能设置辅助核算,否则会造成总账与辅助账对账不平。

设置辅助核算

③ 单击"确定"按钮,返回。

④ 重复②③操作步骤,继续修改"5602管理费用"科目的辅助核算账。

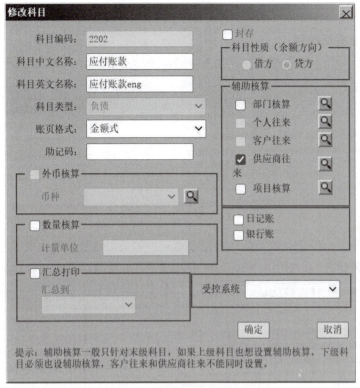

图 2-29 设置辅助核算

活动2.2.4 设置凭证类型和结算方式

【任务】

在完成活动2.2.3操作的基础上,继续完成以下工作任务:

(1) 选择凭证类别:记账凭证。即凭证不进行分类。

(2) 根据表2-7给出的资料设置结算方式。

表2-7 结算方式

编码	结算方式	票据管理标志
1	支票	√
101	现金支票	√
102	转账支票	√
2	网上银行	
9	其他	

【指导】

1. **选择凭证类别**

第一次使用总账系统，应正确选择凭证类别的分类方式，可以按以下常用的分类方式进行定义：

(1) 记账凭证。

(2) 收款凭证、付款凭证、转账凭证。

(3) 现金凭证、银行凭证、转账凭证。

(4) 现金收款凭证、现金付款凭证、银行收款凭证、银行付款凭证、转账凭证。

(5) 自定义。

以上任何一种分类都不会影响记账结果。如果想与手工会计核算保持一致，可分为收款凭证、付款凭证和转账凭证，或者现金收款凭证、现金付款凭证、银行收款凭证、银行付款凭证、转账凭证。在会计信息系统条件下，企业不需要进行凭证分类。

2. **设置凭证类别的限制条件**

凭证类别的限制条件是指限制该凭证类别的使用范围。如果选择以上(2)(3)(4)的凭证类别，为了提高凭证处理的精准度，还可以对所使用的凭证类别进行明细限制，如按凭证中必有或必无科目进行设置。

在制单时，如果记账凭证不符合设置的限制条件或限制科目，则系统会提示错误，要求修改，直至符合为止。

设置并使用凭证类别以后，不能进行修改，否则会造成不同时期凭证类别的混乱，影响查询和打印。同时，凭证类别的前后顺序，将决定明细账中账簿记录的排列顺序。例如，设置凭证类别的排列顺序为收、付、转，那么在查询明细账、日记账时，同一日的凭证将按照收、付、转的顺序进行排列。

3. **设置结算方式**

设置结算方式的目的是便于企业加强货币资金管理和提高银行对账效率。因此，企业需要把常用的银行转账结算方式的相关信息录入到系统里，主要包括结算方式编码、结算方式名称、票据管理标志等。

【步骤】

以账套主管"001 赵海"身份注册"信息门户"。

1. **选择凭证类型**

① 在"信息门户"界面中，执行"基础设置"|"财务"|"凭证类别"命令，打开"凭证类别预置"对话框，如图2-30所示。

② 在"凭证类别预置"对话框中，默认选中"记账凭证"选项。

③ 单击"确定"按钮，进入"凭证类别"窗口，如图2-31所示。

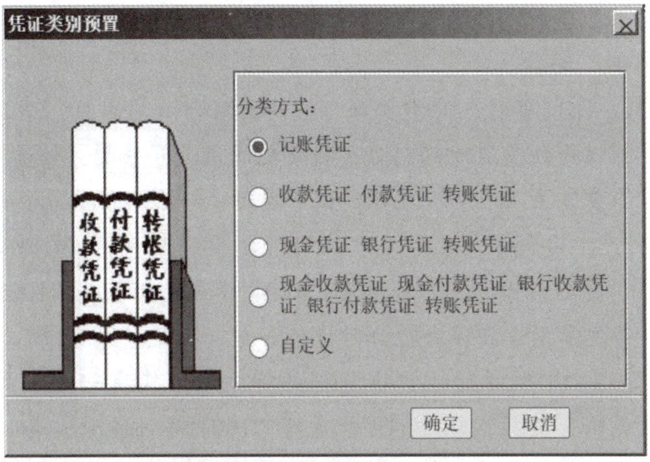

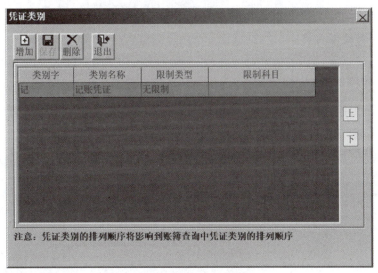

图2-30 "凭证类别预置"对话框

图2-31 设置凭证类型的限制条件

做中学：

某些类别的凭证在制单时对科目有一定的限制，一般有以下7种限制类型可供选择：

◇ 借方必有。即制单时，此类凭证的借方至少有一个限制科目的发生额，如"收款凭证"类别借方必有"1001 库存现金"或"1002 银行存款"科目。

◇ 贷方必有。即制单时，此类凭证的贷方至少有一个限制科目的发生额，如"付款凭证"类别贷方必有"1001 库存现金"或"1002 银行存款"科目。

◇ 凭证必有。即制单时，此类凭证无论借方还是贷方至少有一个限制科目的发生额，如"现金凭证"类别借方或贷方必有"1001 库存现金"科目。

◇ 凭证必无。即制单时，此类凭证无论借方还是贷方不可能有一个限制科目的发生额，如"转账凭证"类别借方或贷方不可能会有"1001 库存现金"或"1002 银行存款"科目。

◇ 无限制。即制单时，此类凭证可使用所有合法的科目，若想限制科目，则自行录入。可以是任意级次的科目，科目之间用逗号分割，数量不限，也可参照录入，但不能重复录入。如"记账凭证"类别。

◇ 借方必无。即制单时，此类凭证的借方不可有一个限制科目的发生额，如"转账凭证"类别，借方不可能会有"1001 库存现金"或"1002 银行存款"科目。此限制条件多用于在保存凭证时检查。

◇ 贷方必无。即制单时，此类凭证的贷方不可能有一个限制科目的发生额，如"转账凭证"类别，贷方不可能会有"1001 库存现金"或"1002 银行存款"科目。此限制条件多用于在保存凭证时检查。

选择凭证类型

④ 默认凭证类别的限制条件，单击"退出"按钮。

2. 设置结算方式

① 在"信息门户"界面中，执行"基础设置"|"收付结算"|"结算方式"命令，进入"结算方式"窗口。

② 在"结算方式"窗口中，单击"增加"按钮，依次录入结算方式编码及结算方式，如图2-32所示。

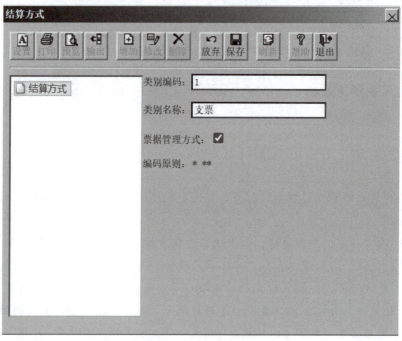

图 2-32　"结算方式"窗口

做中学：

◇ 类别编码。用以标识某结算方式，必须按照结算方式编码级次的先后顺序进行录入且唯一。

◇ 类别名称。指其汉字名称，用于显示输出，录入值必须唯一。

◇ 票据管理方式。这是为便于出纳对银行结算票据进行管理而设置的功能，类似于手工系统中支票登记簿的管理方式。

③ 单击"保存"按钮，该结算方式出现在左边列表框中。
④ 重复②③操作步骤，继续设置其他结算方式。
⑤ 单击"退出"按钮，返回"信息门户"界面。

设置结算方式

【报告】

本活动的账套数据可通过扫描右侧二维码下载。此数据既可以用作活动3.1.1的初始数据，也可以与当前操作结果进行核对。

活动2.2.4
账套数据

项目3

工资和固定资产系统日常处理

任务3.1 工资系统初始设置

工作目标

增加工资系统的操作员身份并给予赋权；正确设置工资系统业务控制参数；正确设置工资系统业务核算规则；正确录入工资系统期初余额。

工作岗位

系统管理员、账套主管。

工作导图

在这里，系统管理员的工作主要包括增加操作员并给予赋权。账套主管的工作主要包括完善"应付职工薪酬"明细科目，设置工资系统业务控制参数(包括工资类别、扣税设置、人员编码长度和扣零设置)，设置工资系统业务核算规则(包括设置工资核算项目、银行名称、人员档案和工资计算公式)，录入工资系统基础数据等。

任务3.1的工作导图见图3-1。

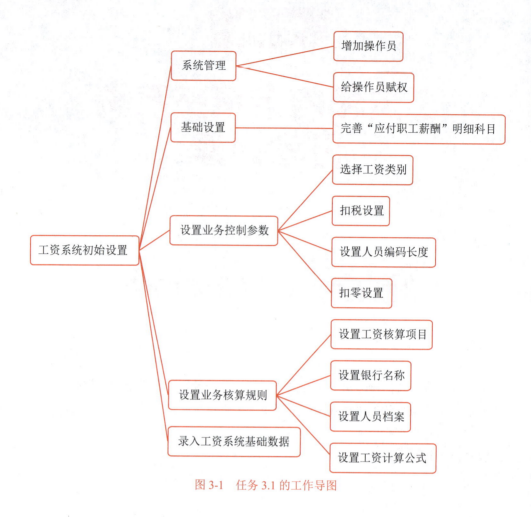

图 3-1　任务 3.1 的工作导图

活动3.1.1　建立工资账套

【任务】

在完成活动2.2.4操作的基础上，继续完成以下工作任务：

(1) 增加操作员：004 陈芳；密码设为4。

(2) 给"002 钱前"赋权：工资系统全部权限。给"004 陈芳"赋权：只负责职工工资的计算与汇总、工资报表的查询，以及人员档案的管理等。

(3) 修改或增加"应付职工薪酬"科目及其所属明细科目：

　　221101　职工工资

　　221102　奖金、津贴和补贴

　　221103　职工福利费

　　221104　社会保险费

　　22110401　社会保险费(个人)

　　22110402　社会保险费(单位)

221105　住房公积金

22110501　住房公积金(个人)

22110502　住房公积金(单位)

221106　工会经费

221107　职工教育经费

(4) 设置如下工资系统业务控制参数：

① 设置单个工资类别。

② 核算币种：人民币 RMB。

③ 人员编码长度：3位。

④ 启用月份：2021年1月1日。

⑤ 按月从工资中扣除个人所得税，免征额为5000元。

⑥ 不进行扣零处理。

【指导】

1. 业务参数

业务参数，可以形象地理解为"照明开关"，是指为提高会计信息系统的整体性能，方便企业进行业务操作，提前把一些可以公用的业务数据，在系统中设计成参数表存放，以便各个子系统调用和管理，来控制业务正常运行。若干业务参数的组合，就好比是电路的"串联"和"并联"，因此，这些业务参数的变动直接影响着对业务操作的正确处理，以及系统的安全运行。

2. 工资系统业务参数

在使用工资系统前，必须先给操作员赋予工资管理权限，必要时还要增加操作员。然后，建立适合本单位实际情况的工资核算科目及工资账套。涉及的业务控制参数主要包括：设置处理工资类别个数和币种、设置是否处理个人所得税、设置是否进行扣零处理、设置人员编码长度等。

工资系统的业务参数将决定工资核算的准确性和及时性，设定后一般不能随意更改。

(1) 工资类别选择。选择本账套处理的工资类别个数通常有两个选项，即"单个"工资类别和"多个"工资类别。当核算单位对所有人员的工资实行统一管理，而且人员工资项目、计算公式全部相同时，可选择"单个"工资类别；当核算单位按周发放工资或每月多次发放工资以及按不同的职工发放工资的项目不同、计算公式不同，但需对工资实行统一管理时，则选择"多个"工资类别。

(2) 扣税设置。核算单位需为职工代扣预缴个人收入所得税，可以在系统设置中选择"为职工代扣个人收入所得税"项。

(3) 人员编码长度设置。工资核算中每个职工都有一个唯一的编码，人员编码设置应结合企业部门设置和人员数量自由设置，但总长度不能超过系统提供的最高位数。如案例企业分三大部门，每个部门职工人数不会超过99名，则每个职工就可以确定为3位编码。

(4) 扣零设置。扣零，即扣零处理，是指每次发放工资时把零头扣下，积累取整，于下次发放工资时补上，系统在计算工资时将依据扣零类型进行扣零计算。

【步骤】

1. 增加操作员并赋权

① 以系统管理员"admin"身份注册系统管理。在"〖系统管理〗"窗口中，执行"权限"|"操作员"命令，进入"操作员"窗口。

② 在"操作员"窗口中，单击"增加"按钮，打开"增加操作员"对话框。

③ 在"增加操作员"对话框中，"编号"录入"004"；"姓名"录入"陈芳"；"口令"和"确认口令"录入"4"；"所属部门"录入"办公室"等信息。

④ 单击"增加"按钮，系统弹出提示信息，单击"确定"按钮。

⑤ 单击"退出"按钮，返回"操作员"窗口。

⑥ 单击"退出"按钮，返回"〖系统管理〗"窗口。

⑦ 在"〖系统管理〗"窗口中，执行"权限"|"权限"命令，双击选中操作员"002　钱前"，进入"权限"窗口。

⑧ 在"权限"窗口中，单击"增加"按钮，打开"增加权限"对话框。

⑨ 在"增加权限"对话框中，双击左框中的"WA　工资管理"系统，使之变为蓝色。

⑩ 单击"确定"按钮，系统弹出"添加成功！"提示信息。单击"确定"按钮，返回"权限"窗口。

⑪ 重复⑧至⑩操作步骤，继续给"004　陈芳"赋权，根据案例给出的资料，在右框中双击需取消的权限项，使之变为白色。

⑫ 单击"确定"按钮，返回"权限"窗口。单击"退出"按钮，返回"〖系统管理〗"窗口。

增加操作员并赋权

2. 建立工资核算科目体系

① 以账套主管"001　赵海"身份注册"信息门户"。

② 在"信息门户"界面中，执行"基础设置"|"财务"|"会计科目"命令，进入"会计科目"窗口。

③ 在"会计科目"窗口中，单击"查找"按钮，"查找科目"录入"2211　应付职工薪酬"，单击"确定"按钮，直接显示该科目及其所属明细科目。

④ 根据给出的资料，修改或增加该科目的明细科目。

建立工资核算科目体系

3. 建立工资账套

① 以账套主管"001 赵海"身份注册"信息门户"。

② 在"信息门户"界面中,单击"工资管理"菜单项,打开"建立工资账套"|"1 参数设置"对话框。

③ 在"建立工资账套"|"1 参数设置"对话框中,默认系统设定的工资类别个数为"单个";"币别"为"人民币 RMB",如图3-2所示。

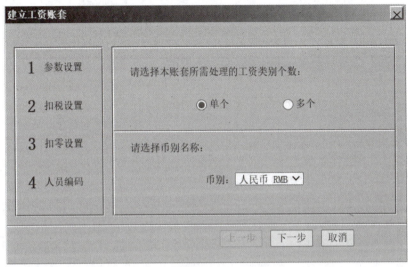

图3-2 "建立工资账套"|"1 参数设置"对话框

④ 单击"下一步"按钮,打开"建立工资账套"|"2 扣税设置"对话框。

⑤ 在"建立工资账套"|"2 扣税设置"对话框中,选中"是否从工资中代扣个人所得税"复选框,单击"免征额5000:2019年所得税税率表按月扣除"单选按钮,如图3-3所示。

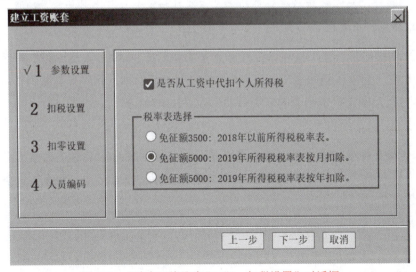

图3-3 "建立工资账套"|"2 扣税设置"对话框

做中学：

◇ 选择"是否从工资中代扣个人所得税"后，系统将自动生成工资项目"代扣税"，并自动进行代扣税金的计算。

◇ 在此若不设代扣个人所得税，在使用过程中可以在"设置"|"选项"中设置。

⑥ 单击"下一步"按钮，打开"建立工资账套"|"3 扣零设置"对话框。

⑦ 在"建立工资账套"|"3 扣零设置"对话框中，"扣零"复选框为空，表示不进行扣零设置，如图3-4所示。

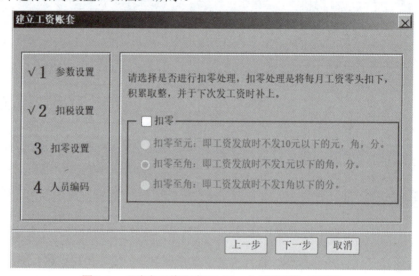

图3-4 "建立工资账套"|"3 扣零设置"对话框

做中学：

◇ 选择"扣零"后系统会自动生成"本月扣零"和"上月扣零"项目。扣零的计算公式将由系统自动设置，无须手动设置。

⑧ 单击"下一步"按钮，打开"建立工资账套"|"4 人员编码"对话框。

⑨ 在"建立工资账套"|"4 人员编码"对话框中，将"人员编码长度"调整为"3"，确定"本账套的启用日期"为"2021-01-1"，如图3-5所示。

做中学：

◇ 人员编码长度中不含所属部门编码，工资档案中人员编码的设置必须符合人员编码规定。部分参数也可以在工资系统的"设置"|"选项"命令中设置、更改。

⑩ 单击"完成"按钮，返回"信息门户"界面。

建立工资账套

项目3　工资和固定资产系统日常处理

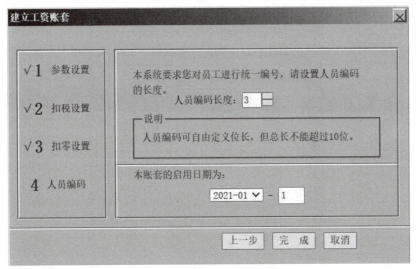

图 3-5 "建立工资账套"|"4　人员编码"对话框

活动3.1.2　设置工资核算的人员类别

【任务】

在完成活动3.1.1操作的基础上，根据以下给出的资料设置人员类别：公司经理；部门经理；管理人员；生产人员；营销人员；采购人员。

【指导】

设置人员类别的目的是便于企业按人员类别进行工资汇总计算。因此，为满足经济管理需要，在同一个工资账套内在各个部门(或单位)之间得以按不同人员类别进行综合汇总，企业应根据实际情况设置人员类别。

【步骤】

① 以账套主管"001　赵海"身份注册"信息门户"。

② 在"信息门户"界面中，执行"工资"|"设置"|"人员类别设置"命令，或者单击标题栏的"人员类别设置"，打开"人员类别设置"对话框。

③ 在"人员类别设置"对话框中，在"类别"文本框中录入"公司经理"，单击"增加"按钮，该类别添加到了下面的列表框中，如图3-6所示。

做中学：

✧ 只有设置了人员类别，才能按不同人员类别分配工资费用，并进行会计处理。

④ 重复②③操作步骤，继续录入其他人员类别。

⑤ 选择"无类别"，单击"删除"按钮，系统弹出"你确定删除吗？"提示信息，单击"确定"按钮。

⑥ 单击"返回"按钮，返回"信息门户"界面。

设置工资核算的人员类别

69

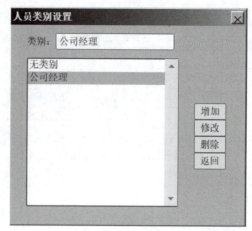

图3-6 "人员类别设置"对话框

活动3.1.3 设置工资核算项目和银行名称

【任务】

在完成活动3.1.2操作的基础上,继续完成以下工作任务:

(1) 根据表3-1的资料设置工资项目。

表3-1 工资项目一览表

项目名称	类别	长度	小数位数	工资增减项
岗位工资	数字	10	2	增项
绩效工资	数字	10	2	增项
伙食补助	数字	6	3	增项
交通补贴	数字	6	2	增项
其他补发	数字	6	2	增项
应发合计	数字	10	2	增项
个人负担社保费	数字	6	2	减项
个人负担公积金	数字	6	2	减项
代扣税	数字	6	2	减项
其他扣款	数字	6	2	减项
扣款合计	数字	8	2	减项
实发合计	数字	10	2	增项
单位负担社保费	数字	8	2	其他
单位负担公积金	数字	8	2	其他
计税基数	数字	8	2	其他
缴费基数	数字	8	2	其他

(2) 设置代发工资银行名称：中国工商银行北京分行中关村支行，账号长度为19。

【指导】

1. 工资项目

在录入工资数据前，需对反映本单位工资组成的工资项目加以设置。工资项目应包括手工核算时工资结算单上所列的各个项目，还应包括与计算这些项目有关的原始项目和中间过渡项目。这些工资项目有的是必备的，各单位都有；有些项目则不尽相同。有些项目的数据长期不变，属于固定项目；有的每月都有变动，属于变动项目。为此，在工资系统中预先设置一些必备的工资项目，如应发工资、扣款合计、实发工资等，其他项目可根据实际需要自行增加和修改。

2. 银行名称

这里的银行名称设置是在所有工资类别当中，针对同一类别中的人员由于在不同的工作地点，需由不同的银行代发工资而言的。设置银行名称的目的是方便不同的工资类别由不同的银行代发。

【步骤】

1. 设置工资核算项目

① 以账套主管"001　赵海"身份注册"信息门户"。

② 在"信息门户"界面中，执行"工资"|"设置"|"工资项目设置"命令，或者单击标题栏的"工资项目"，打开"工资项目设置"对话框，工资项目列表中显示系统提供的固定工资项目。

③ 在"工资项目设置"对话框中，检查这些固定工资项目是否与实际需要一致，如果不一致，可双击该单元格，单击下拉按钮选择对应的数字，如"扣款合计"的长度为"8"；"代扣税"的长度为"6"。

④ 单击"增加"按钮，单击"名称参照"下拉按钮，选择系统提供的常用工资项目。双击"增减项"栏的所在单元格(激活单元格)，弹出下拉按钮，单击"增减项"栏下拉按钮，选择"增项"，如图3-7所示。

做中学：

- 工资项目名称。可以选用系统提供的名称，也可以直接录入工资项目。
- 类型。即项目的数据类型。如果是数字且在工资汇总表中需进行汇总，则应设为数字型；如果是汉字、字母，则应设为字符型。工资项目类型若为字符型，没有小数，增减项为"其他"，即不直接参与应发合计与扣款合计。
- 长度。即项目数据的最大长度，如为数字型，则小数点占一位长度。
- 小数。即数字型数据的小数位位数的长度。

◇ 增减项。增项默认为"应发合计"的构成项,减项为"扣款合计"的构成项,其他项由企业自行设置。

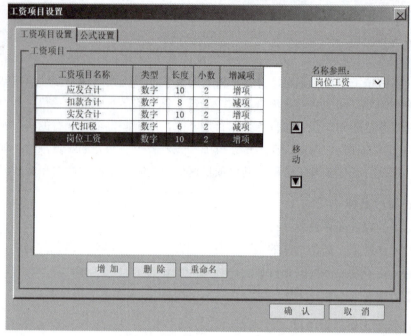

图3-7 录入"岗位工资"项目

⑤ 单击"增加"按钮,如果"名称参照"下拉列表框中不存在需新增的工资项目名称,则直接录入,如"绩效工资"等,也可选取接近的项目名称,然后单击"重命名"按钮进行修改。如果"类型""长度""小数"和"增减项"不符合实际需要,可通过双击对应单元格,进行调整,如"伙食补助"等。

⑥ 重复③~⑤操作步骤,继续设置其他工资项目。

⑦ 单击工资项目列表右侧的向上、向下移动箭头,调整工资项目的排列顺序。工资项目的设置结果如图3-8所示。

设置工资核算项目

☞ 做中学:

◇ 必须将所有工资类别所涉及的工资项目全部在此设置完毕,因为它将形成各个工资类别中工资项目的设置选项。

⑧ 单击"确认"按钮,返回"信息门户"界面。

项目3 工资和固定资产系统日常处理

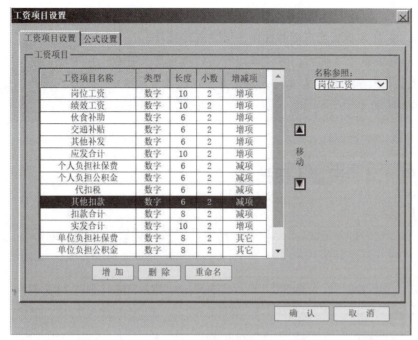

图3-8 设置工资项目

2. 设置银行名称

① 以账套主管"001 赵海"身份注册"信息门户"。

② 在"信息门户"界面中,执行"工资"|"设置"|"银行名称设置"命令,或者单击标题栏的"银行名称",打开"银行名称设置"对话框

③ 在"银行名称设置"对话框中,在"银行名称"文本框中录入"中国工商银行北京分行中关村支行",录入"账号长度"为"19"位,默认选中系统提供的"账号定长"复选框。

④ 单击"删除"按钮,删除"建设银行"和"农业银行",如图3-9所示。

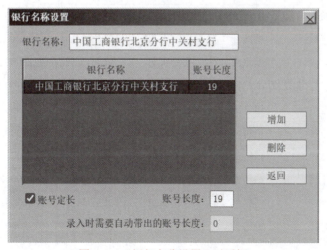

图3-9 "银行名称设置"对话框

73

做中学：

◆ 银行名称长度不得超过10个汉字或20位符。

◆ 删除银行名称时，与该银行有关的所有设置将被一同删除，包括银行的代发文件的设置、磁盘输出格式的设置，以及人员档案中涉及该人员的银行名称及账号等信息。

设置银行名称

⑤ 按Enter键保存。单击"返回"按钮，返回"信息门户"界面。

活动3.1.4 设置人员档案

【任务】

在完成活动3.1.3操作的基础上，根据表3-2给出的资料设置人员档案。

表3-2 人员档案表

编号	职员名称	所属部门	人员类别	进入日期	银行账号
101	秦立	办公室	公司经理	2015-5-1	6222000200512361101
102	陈芳	办公室	部门经理	2017-2-1	6222000200512361102
103	赵海	财务部	部门经理	2015-5-1	6222000200512361103
104	钱前	财务部	管理人员	2015-5-1	6222000200512361104
105	刘琴	财务部	管理人员	2015-5-1	6222000200512361105
106	谢园园	公关部	部门经理	2015-12-1	6222000200512361106
201	周舟	生产部	公司经理	2015-5-1	6222000200512361107
202	李路	生产部	部门经理	2018-1-1	6222000200512361108
203	付笛	生产部	生产人员	2015-5-1	6222000200512361109
204	周放	生产部	生产人员	2015-5-1	6222000200512361110
205	朱冲	生产部	生产人员	2015-5-1	6222000200512361111
206	郭民	生产部	生产人员	2016-1-1	6222000200512361112
207	曹颖	生产部	生产人员	2016-1-1	6222000200512361113
208	梁冰	维修部	生产人员	2015-5-1	6222000200512361114
209	王亮	维修部	生产人员	2015-5-1	6222000200512361115
301	王超	销售部	公司经理	2015-5-1	6222000200512361116
302	马汉	销售部	部门经理	2015-5-1	6222000200512361117
303	赵虎	销售部	营销人员	2015-5-1	6222000200512361118
304	叶清	销售部	营销人员	2015-5-1	6222000200512361119
305	方宏	销售部	营销人员	2017-1-1	6222000200512361120
306	司徒	销售部	营销人员	2017-1-1	6222000200512361121

(续表)

编号	职员名称	所属部门	人员类别	进入日期	银行账号
307	宋涛	采购部	部门经理	2015-5-1	6222000200512361122
308	韩磊	采购部	采购人员	2015-5-1	6222000200512361123

说明：以上人员均为中方人员，需要计税，代发工资的银行为中国工商银行北京分行中关村支行。为了简化操作，假设本案例在基础设置建立的职员档案就是工资系统的人员档案。

【指导】

人员档案不等于职员档案。这里的"人员档案"，是指登记发放工资人员的姓名、职工编码、所在部门、人员类别等信息。在对工资的日常管理中，职工的增减变动也在此处理，这样有利于加强职工工资管理。

【步骤】

① 以账套主管"001 赵海"身份注册"信息门户"。

② 在"信息门户"界面中，执行"工资"|"设置"|"人员档案"命令，或者单击标题栏的"人员档案"，进入"人员档案"窗口。

③ 在"人员档案"窗口中，单击"批增"按钮，打开"人员批量增加"对话框。

④ 在"人员批量增加"对话框中，在左列表框中，单击选中所有部门的复选框，如图3-10所示。

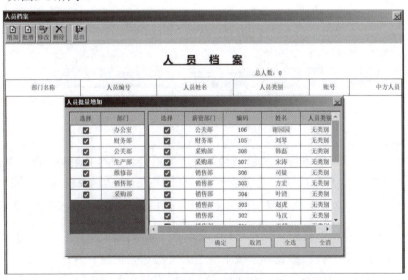

图3-10 "人员批量增加"对话框

做中学：

◇ 使用"批增"功能建立工资系统的人员档案，目的是加快建档速度。

◇ 导入职员档案后，可以在此基础上增加、修改、删除人员档案信息。

⑤ 单击"确定"按钮,返回"人员档案"窗口。

⑥ 将光标放在第1行"101 秦立"的记录上,单击"修改"按钮,打开"修改"对话框。

⑦ 在"人员类别"框中选择"公司经理",在"进入日期"框中录入"2015-05-01"。

⑧ 单击"银行名称"下拉按钮,选择"中国工商银行北京分行中关村支行",在"银行账号"文本框中,录入该职工的银行账号"6222000200512361101",如图3-11所示。

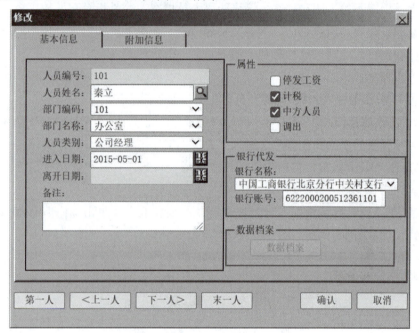

图3-11 "人员档案"|"修改"对话框

☞ 做中学:

◇ 为了便于日后在部门之间调动工作,不同部门的人员编码不能重复。

◇ "附加信息"选项卡内容应该在"人员附加信息"中设置,这里仅做显示。人员附加信息主要包括性别、技术职称、学历、职务、身份证号、民族等。

⑨ 单击"确认"按钮,保存"101 秦立"基本信息。

⑩ 单击"下一人"按钮,修改下一名人员的相关信息。

⑪ 重复⑥~⑨操作步骤,完成所有人员档案信息的修改。

⑫ 单击"取消"按钮,返回"人员档案"窗口。

⑬ 检查无误后,单击"退出"按钮,返回"信息门户"界面。

设置人员档案

【报告】

本活动的账套数据可通过扫描右侧二维码下载。此数据既可以用作活动3.1.5的初始数据，也可以与当前操作结果进行核对。

活动3.1.4
账套数据

活动3.1.5　设置工资计算公式

【任务】

在完成活动3.1.4操作的基础上，根据表3-3的资料设置工资计算公式。

表3-3　工资计算公式表

工资项目	计算公式
岗位工资	
绩效工资	公司经理的绩效工资4000元，部门经理的绩效工资2500元，管理人员的绩效工资2000元，其他人员的绩效工资1500元 参考公式：iff(人员类别="公司经理"，4000，iff(人员类别="部门经理"，2500，iff(人员类别="管理人员"，2000，1500)))
交通补贴	营销人员的交通补贴1000元，其他人员交通补贴800元 参考公式：iff(人员类别="营销人员"，1000，800)
伙食补助	所有人员均为600元
应发合计	岗位工资+绩效工资+伙食补助+交通补贴+其他补发
个人负担社保费	缴费基数×0.102
个人负担公积金	缴费基数×0.12
扣款合计	个人负担社保费+个人负担公积金+代扣税+其他扣款
实发合计	应发合计-扣款合计
单位负担社保费	缴费基数×0.368
单位负担公积金	缴费基数×0.12
计税基数	应发合计-个人负担社保费-个人负担公积金
缴费基数	应发合计

注：假设2021年1月份职工个人月工资与2020年度月平均工资一致。

【指导】

1. 北京市社会保险费缴费标准

社会保险是指为丧失劳动能力、暂时失去劳动岗位或因健康原因造成损失的人口提供收入或补偿的一种社会和经济制度。社会保险费的主要项目包括养老保险、医疗保险、失业保险、工伤保险和生育保险5个险种。

2020年北京市社会保险费缴费标准见表3-4。

表3-4　2020年北京市社会保险费缴费标准

缴纳项目	缴费基数		缴费比例		最低缴费金额		最高缴费金额	
	下限	上限	个人	单位	个人	单位	个人	单位
养老保险	3613	26541	8%	16%	289	578	1885	3770
医疗保险	5360	29732	2%	10%	72	361	471	2357
生育保险	5360	29732	不缴	0.8%				
失业保险	3613	26541	0.2%	0.8%	7	29	47	189
工伤保险	4713	26541	不缴	根据行业		根据行业		根据行业
合计					369	968	2404	6315

2. 工资项目计算公式

在职工工资的各种项目中，有很多项目是和其他项目有密切关系的，例如，应发工资总额等于岗位工资加上绩效工资，再加上津贴及补贴等。为了实现智能化计算职工薪酬，提高工资核算的工作效率，就有必要在系统中事先设置好各工资项目间的运算公式。

设置公式时可选择工资项目、运算符、关系符、函数来组合公式。其中，实发合计项目可以不设计算公式，工资核算系统自动生成数据。

工资项目计算公式录入的方法有直接录入、参照录入和函数向导录入3种。其中，公式简单的，可采用直接录入法；对系统内置的函数的语法比较熟悉的，可采用参照录入法；对系统内置的函数的语法不熟悉的，可采用函数导向录入法。

【步骤】

以账套主管"001　赵海"身份注册"信息门户"。在"信息门户"界面中，执行"工资"|"设置"|"工资项目设置"命令，或者单击标题栏的"工资项目"，打开"工资项目设置"对话框。在"工资项目设置"对话框中，单击"公式设置"选项卡。

1. 直接录入公式

① 在"公式设置"选项卡中，在"工资项目"选项区域，选择"应发合计"项目，在"公式输入参照"区域中的"工资项目"中选择"岗位工资"，然后将光标放在"岗位工资"后面，在"运算符"中选择"+"。重复操作，根据给出的资料完成"应发合计"公式的设置，如图3-12所示。

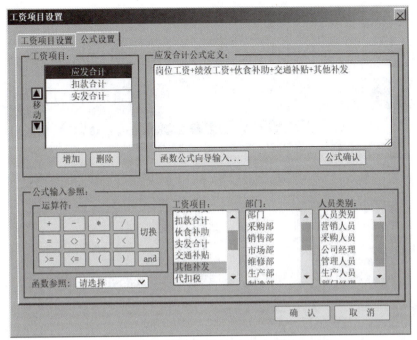

图3-12 设置"应发合计"公式

> **做中学：**
> ◇ 为避免出错，工资项目必须完全确定后，再开始设置工资计算公式。
> ◇ 公式录入完毕后，必须单击"公式确认"按钮，进行语法检查，以保证公式正确。

② 单击"公式确认"按钮，进行语法检查。

③ 重复①②操作步骤，根据给出的资料完成"扣款合计"公式的设置。

④ 在"工资项目"选项区域，单击"增加"按钮，单击下拉按钮，在下拉列表框中选择"伙食补助"选项。

⑤ 在"伙食补助公式定义"文本框中录入"600"，单击"公式确认"按钮。

⑥ 重复以上操作步骤，根据给出的资料继续完成除"绩效工资"和"交通补贴"外的公式设置。

直接录入公式

2. 函数向导录入公式

① 在"公式设置"选项卡中，在"工资项目"选项区域，单击"增加"按钮，单击下拉按钮，在下拉列表框中选择"绩效工资"选项。

② 单击"函数公式向导输入"按钮，打开"函数向导"对话框，如图3-13所示。

③ 默认系统提供的"函数名"为"iff"，单击"下一步"按钮。

④ 单击"逻辑表达式"参照按钮，打开"参照"对话框。

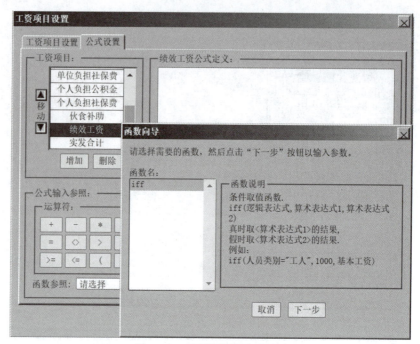

图3-13 "函数向导"对话框

⑤ 在"参照"对话框中,单击"参照列表"的下拉按钮,选择"人员类别",再选择"公司经理",如图3-14所示。

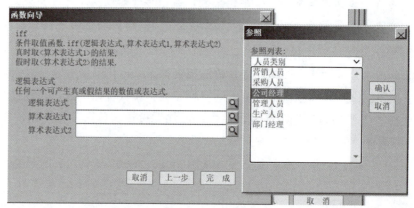

图3-14 参照录入"绩效工资"的"公司经理"类别的"逻辑表达式"

⑥ 单击"确认"按钮,返回"函数向导"对话框。
⑦ 在"函数向导"对话框中,在"算术表达式1"文本框中录入"4000"。
⑧ 单击"完成"按钮,返回"公式设置"选项卡,如图3-15所示。
⑨ 将光标放在"4000,"的后面,单击"函数公式向导输入"按钮,重复③～⑧操作步骤,完成"绩效工资"的"部门经理"和"管理人员"类别的函数公式设置,如图3-16所示。

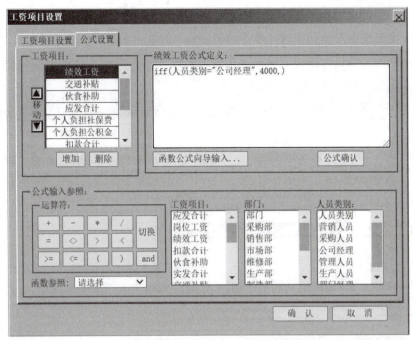

图 3-15 完成"绩效工资"的"公司经理"类别的函数公式设置

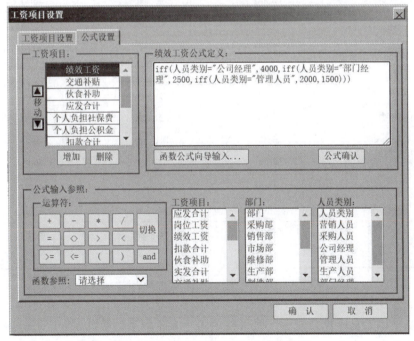

图 3-16 完成"绩效工资"公式的设置

⑩ 单击"公式确认"按钮,保存"绩效工资"公式。
⑪ 重复以上操作步骤,继续完成"交通补贴"公式的设置。

函数向导
录入公式

3. 调整公式计算顺序

① 按照案例给出的资料,单击向上、向下按钮,调整公式计算顺序。
② 单击"确认"按钮,保存所有公式的设置。

调整公式
计算顺序

做中学:

◇ 公式中左侧"工资项目"中的顺序决定系统执行工资计算的先后顺序,因此,要注意公式的排列顺序。

◇ 单击"公式确认"按钮后,计算公式并未保存,必须单击"确认"按钮。

活动3.1.6 录入工资基础数据

【任务】

完成活动3.1.5操作的基础上,根据表3-5的资料录入工资基础数据。

表3-5 2021年1月份工资基础数据一览表

职员名称	岗位工资	职员名称	岗位工资
秦 立	6000	曹 颖	4000
陈 芳	5000	梁 冰	5500
赵 海	5000	王 亮	5000
钱 前	4800	王 超	4500
刘 琴	4000	马 汉	4300
谢园园	5000	赵 虎	4300
周 舟	5500	叶 清	4000
李 路	5000	方 宏	4000
付 笛	4500	司 徒	4000
周 放	4300	宋 涛	4800
朱 冲	4300	韩 磊	4000
郭 民	4000		

【指导】

设置完工资计算公式后,就可以录入个人工资基础数据了。之后,在正常使用过程中,只需对个别变动性的工资项目进行调整,即可自动生成当月的工资数据。

一般地,录入个人工资数据时,只需录入原始项(如岗位工资)的数据,"应发工资""实发工资"等非原始项目无须录入。当原始项的数据录入完毕后,系统自动根据已设置的计算公式计算出非原始项的数据。

【步骤】

① 以账套主管“001 赵海”身份注册“信息门户”。

② 在“信息门户”界面中，执行“工资”|“业务处理”|“工资变动”命令，或者单击“工资变动”图标，进入“工资变动”窗口。

③ 在“工资变动”窗口中，按照案例给出的资料，录入所有人员的岗位工资数据。

④ 单击“计算”按钮，计算工资基础数据。结果如图3-17所示。

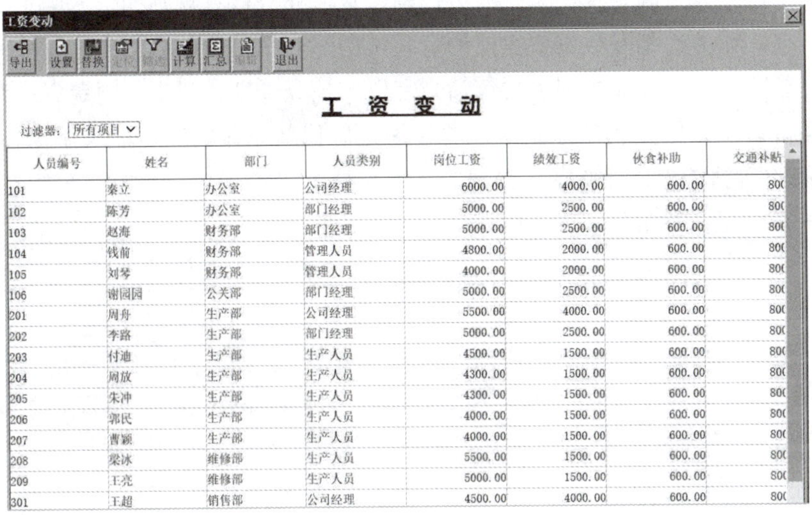

人员编号	姓名	部门	人员类别	岗位工资	绩效工资	伙食补助	交通补贴
101	秦立	办公室	公司经理	6000.00	4000.00	600.00	80(
102	陈芳	办公室	部门经理	5000.00	2500.00	600.00	80(
103	赵海	财务部	部门经理	5000.00	2500.00	600.00	80(
104	钱前	财务部	管理人员	4800.00	2000.00	600.00	80(
105	刘琴	财务部	管理人员	4000.00	2000.00	600.00	80(
106	谢园园	公关部	部门经理	5000.00	2500.00	600.00	80(
201	周舟	生产部	公司经理	5500.00	4000.00	600.00	80(
202	李路	生产部	部门经理	5000.00	2500.00	600.00	80(
203	付迪	生产部	生产人员	4500.00	1500.00	600.00	80(
204	周放	生产部	生产人员	4300.00	1500.00	600.00	80(
205	朱冲	生产部	生产人员	4300.00	1500.00	600.00	80(
206	郭民	生产部	生产人员	4000.00	1500.00	600.00	80(
207	曹颖	生产部	生产人员	4000.00	1500.00	600.00	80(
208	梁冰	维修部	生产人员	5500.00	1500.00	600.00	80(
209	王亮	维修部	生产人员	5000.00	1500.00	600.00	80(
301	王超	销售部	公司经理	4500.00	4000.00	600.00	80(

图 3-17 计算工资基础数据

做中学：

✧ 只需录入没有进行工资计算公式设置的项目，如“岗位工资”，其余各项由系统根据计算公式，自动计算生成。

✧ 使用“过滤器”功能可以筛选出需录入数据的项目，可以加快录入速度。

✧ 单击“导出”按钮，可以输出工资变动表，作为会计档案存档。

⑤ 单击“退出”按钮，返回“信息门户”界面。

录入工资基础数据

任务3.2 固定资产系统初始设置

工作目标

给固定资产操作员赋权；正确设置固定资产系统业务控制参数；正确设置固定资产业务核算规则；正确录入固定资产系统期初余额。

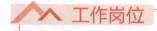

工作岗位

系统管理员、账套主管。

工作内容

在这里，系统管理员的工作主要包括给固定资产操作员赋权。账套主管的工作主要包括设置固定资产系统业务控制参数、业务核算规则和录入固定资产卡片。其中，业务控制参数主要包括约定和说明、启用月份、编码方式、账务接口和其他参数；业务核算规则主要包括固定资产核算类别、建立与固定资产有关的会计科目。录入固定资产原始卡片的目的是确保新系统的数据能与手工核算(或原系统)的数据衔接，保持账簿数据的连续完整。

任务3.2的工作导图见图3-18。

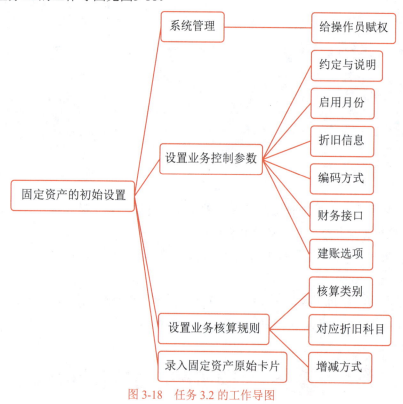

图 3-18 任务 3.2 的工作导图

活动3.2.1 建立固定资产账套

【任务】

在完成活动2.2.4操作的基础上，继续完成以下工作任务：

(1) 给"002 钱前"赋权：固定资产系统的全部权限。给"003 刘琴"赋权：只负责对固定资产卡片和固定资产变动单的管理。

(2) 设置固定资产系统业务控制参数：

① 启用月份为2021年1月。

② 固定资产类别编码方式为2-1-1-2，固定资产按"类别编码+序号"自动编码；已注销的卡片5年后删除；当(月初已计提月份=可使用月份–1)时，要求将剩余折旧全部提足。

③ 用平均年限法按月计提折旧。折旧分配周期为1个月。

④ 卡片序号长度为3。

⑤ 要求与总账系统进行对账，其中固定资产对账科目为"1601，固定资产"；累计折旧对账科目为"1602，累计折旧"。

⑥ 对账不平衡的情况下不允许月末结账；月末结账前一定要完成制单登账业务。

⑦ 可纳税调整的增加方式包括直接购入、投资者投入、捐赠、盘盈、在建工程转入、融资租入；固定资产缺省入账科目为"1601，固定资产"；累计折旧缺省入账科目为"1602，累计折旧"；可抵扣税额入账科目为"22210101，应交税费——应交增值税(进项税额)"。

【指导】

在使用固定资产系统前，必须先给操作员赋予固定资产管理权限，必要时还要增加操作员。然后，建立适合本单位管理需要的固定资产账套，一般包括启动与注册和设置业务控制参数等工作步骤，其中，业务控制参数包括约定与说明、启用月份、折旧信息、编码方式、财务接口及其他参数。

固定资产系统的业务参数将决定固定资产核算的准确性和及时性，设定后一般不能随意更改。

【步骤】

1. 给资产操作员赋权

① 以系统管理员"admin"身份注册系统管理。在"〖系统管理〗"窗口中，执行"权限"|"权限"命令，双击选中操作员"002　钱前"，进入"权限"窗口。

② 在"权限"窗口中，单击"增加"按钮，打开"增加权限"对话框。

③ 在"增加权限"对话框中，双击左框中的"FA　固定资产"系统，使之变为蓝色。

④ 单击"确定"按钮，系统弹出"添加成功！"提示信息。单击"确定"按钮，返回"权限"窗口。

⑤ 重复①～④操作步骤，继续给"003　刘琴"赋权，根据案例资料，在右框中双击需取消的权限项，使之变为白色。

⑥ 单击"确定"按钮，返回"权限"窗口。单击"退出"按钮，返回"〖系统管理〗"窗口。

给资产操作员赋权

2. 建立固定资产账套

以账套主管"001 赵海"身份注册"信息门户"。在"信息门户"界面中，执行"固定资产"命令或者单击"固定资产"菜单，系统弹出"这是第一次打开此账套，还未进行过初始化，是否进行初始化？"提示信息。

(1) 约定与说明。其内容是建立固定资产账套的基本信息和系统处理的一些基本原则，需要认真检查和确认。

① 单击"确定"按钮，打开"固定资产初始化向导"|"1.约定及说明"对话框。

② 在"固定资产初始化向导"|"1.约定及说明"对话框中，单击"我同意"单选按钮，如图3-19所示。

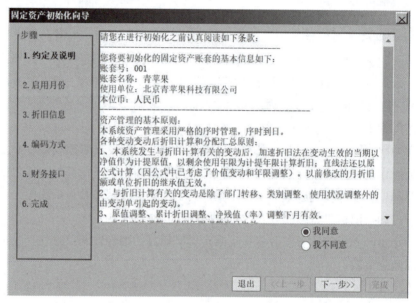

图3-19 "固定资产初始化向导"|"1.约定及说明"对话框

③ 单击"下一步"按钮，打开"固定资产初始化向导"|"2.启用月份"对话框。

(2) 启用月份。启用日期确定后，在此日期前的所有固定资产相关信息都作为期初数据，在启用月份开始计提折旧。

① 在"固定资产初始化向导"|"2.启用月份"对话框中，默认系统提供的"账套启用月份"为"2021.01"，如图3-20所示。

☞ **做中学：**

◆ 如果需向总账系统传递凭证，则固定资产系统的启用月份不得在总账系统的启用月份之后。

② 单击"下一步"按钮，打开"固定资产初始化向导"|"3.折旧信息"对话框。

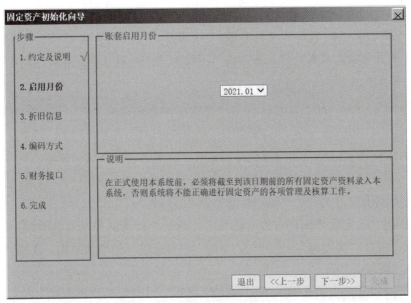

图3-20 "固定资产初始化向导"|"2.启用月份"对话框

(3) 折旧信息。其内容是选定本账套的主要折旧应用方案。系统设定了每个月均计提折旧,但折旧的汇总分配则按选择的周期进行。因此,一旦选定,系统将自动在相应的月末生成折旧分配表,并提示生成记账凭证。

① 在"固定资产初始化向导"|"3.折旧信息"对话框中,默认系统提供的选项,如"本账套计提折旧";"主要折旧方法"为"平均年限法(一)";"折旧汇总分配周期"为"1";"当(月初已计提月份=可使用月份-1)时将剩余折旧全部提足(工作量法除外)"等,如图3-21所示。

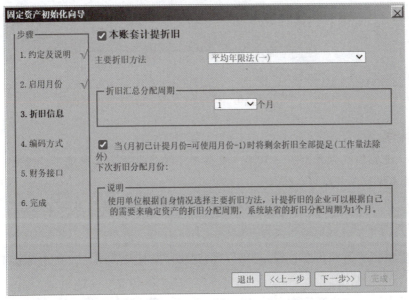

图3-21 "固定资产初始化向导"|"3.折旧信息"对话框

> **做中学：**

◇ 若选择"当(月初已计提月份=可使用月份–1)时将剩余折旧全部提足"，表示系统自动按此规则处理业务，人工不能干预；如不选择，则表示该月不提足折旧，可以人为修改。

② 单击"下一步"按钮，打开"固定资产初始化向导"|"4.编码方式"对话框。

(4) 编码方式。资产类别编码是固定资产分类管理的基础和依据。

① 在"固定资产初始化向导"|"4.编码方式"对话框中，默认系统提供的"资产类别编码方式"的"编码长度"为"2112"。

② 在"固定资产编码方式"区域中，选中"自动编号"单选按钮；单击下拉按钮，选择"类别编号+序号"；单击"序号长度"的微调按钮，选择"3"，如图3-22所示。

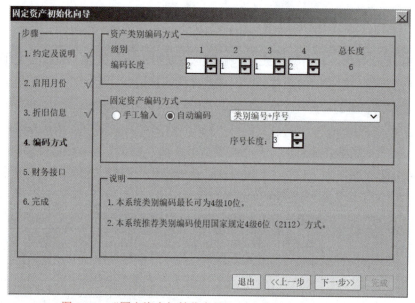

图3-22 "固定资产初始化向导"|"4.编码方式"对话框

> **做中学：**

◇ 设置编码方式后，一旦某一级设置了资产类别，其长度不能修改；未使用过的各级编码长度可以修改。

◇ 同一个固定资产账套的编码方式只能选择一种，且一经设定，不得修改。

③ 单击"下一步"按钮，打开"固定资产初始化向导"|"5.财务接口"对话框。

(5) 财务接口。可以根据需要选择固定资产系统是否与总账系统接口。

① 在"固定资产初始化向导"|"5.财务接口"对话框中，默认选中"与账务系统进行对账"选项。

② 在"对账科目"区域中，在"固定资产对账科目"框中选择"1601,固定资产"；在"累计折旧对账科目"框中选择"1602,累计折旧"；默认"在对账不平衡的情况下允许固定资产月末结账"复选框为空，如图3-23所示。

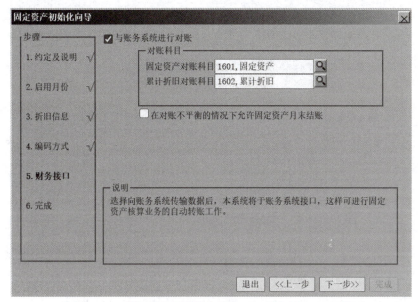

图3-23 "固定资产初始化向导"|"5.财务接口"对话框

做中学：

◇ 与账务系统进行对账。表示本系统与总账系统对账，随时都可以了解固定资产系统的固定资产价值及累计折旧的余额和总账系统的数值相等的情况。

③ 单击"下一步"按钮，打开"固定资产初始化向导"|"6.完成"对话框。

(6) 完成。在"固定资产初始化向导"|"6.完成"对话框中，单击"完成"按钮，进入固定资产系统。

(7) 建账选项。还有一些业务处理控制参数，需要在"选项"中补充完整。

① 在"信息门户"界面中，执行"固定资产"|"设置"|"选项"命令，打开"选项"对话框。

② 在"选项"对话框中，默认情况下系统打开的是"与账务系统接口"选项卡；默认系统提供的"月末结账前一定要完成制单登账业务"选项。

③ 单击"可纳税调整的增加方式："的参照按钮，单击选中所有增加方式的复选框，单击"确定"按钮；单击"[固定资产]缺省入账科目："的参照按钮，选择"1601,固定资产"；单击"[累计折旧]缺省入账科目："的参照按钮，

选择"1602,累计折旧";单击"可抵扣税额入账科目:"的参照按钮,选择"22210101,应交税费/应交增值税/进项税额",如图3-24所示。

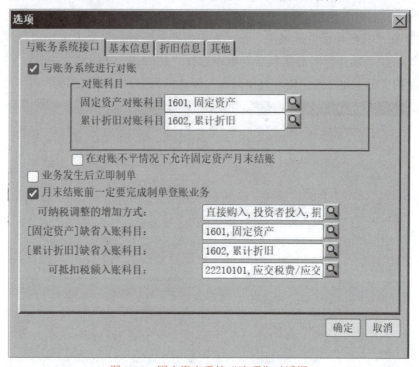

图3-24 固定资产系统"选项"对话框

建立固定资产账套

活动3.2.1 账套数据

④ 单击"确定"按钮。

【报告】

本活动的账套数据可通过扫描左侧二维码下载。此数据既可以用作活动3.2.2的初始数据,也可以与当前操作结果进行核对。

活动3.2.2 设置固定资产类别

【任务】

在完成活动3.2.1操作的基础上,根据表3-6的资料设置固定资产类别。

表3-6 资产类别

编码	类别名称	计提属性	净残值率	折旧方法	卡片式样
01	通用设备	正常计提	4%	平均年限法	通用
011	生产用设备	正常计提	4%	平均年限法	通用
02	交通运输设备	正常计提	4%	平均年限法	通用
021	经营用交通运输设备	正常计提	4%	平均年限法	通用
03	电子设备及其他通信设备	正常计提	4%	平均年限法	通用
031	经营用电子设备及其他通信设备	正常计提	4%	平均年限法	通用

【指导】

固定资产类别设置，是指定义固定资产的分类编码和分类名称。使用者需要自行定义资产类编号级次。

【步骤】

① 以账套主管"002　钱前"注册"信息门户"。

② 在"信息门户"界面中，执行"固定资产"|"设置"|"资产类别"命令，或者单击标题栏"资产类别"，进入"资产类别"窗口。

③ 在"资产类别"窗口中，选择"固定资产分类编码表"，单击"添加"按钮，打开"资产类别"|"单张视图"选项卡。

④ 在"类别编码"框中录入"01"；在"类别名称"框中录入"通用设备"；在"净残值率"框中录入"4%"；默认系统提供的"计提属性""折旧方法"和"卡片样式"的选项，如图3-25所示。

图3-25　"资产类别"窗口

做中学：

◇ 资产类别编码不能重复，同一级的类别名称不能相同。

◇ 类别编码、名称、计提属性、卡片样式不能为空。

◇ 已使用过的类别不能新增下级。

◇ 如果要设置二级及以后各级类别，须在左边列表框中，先选择要添加下级的类别。

◇ "使用年限""净残值率"和"计量单位"三项参数只对末级有效。

设置固定资产类别

⑤ 单击"保存"按钮,打开"固定资产分类编码表"树形结构,重复③④步骤,录入所有资产类别。

⑥ 单击"退出"按钮,返回"信息门户"界面。

活动3.2.3 建立与固定资产有关的会计科目

【任务】

在完成活动3.2.2操作的基础上,继续完成以下工作任务:

(1) 根据表3-7的资料设置与固定资产有关的会计科目。

表3-7 设置部门对应的折旧科目

车间、部门		对应折旧科目	
1	企划部	560210	管理费用/折旧费用
201	生产部	4101	制造费用
202	维修部	400102	辅助生产成本
301	销售部	560108	销售费用/折旧费用
302	采购部	560210	管理费用/折旧费用

(2) 根据表3-8的资料设置与固定资产的增减方式对应的入账科目。

表3-8 固定资产增减方式

增减方式目录		对应入账科目
101	直接购入	1002,银行存款
201	出售	1606,固定资产清理

【指导】

在这里设置部门对应折旧科目是指定义与固定资产有关的会计科目。其目的是为生成固定资产的各种记账凭证做准备。

【步骤】

以账套主管"002 钱前"注册"信息门户"。

1. 设置部门对应折旧科目

① 在"信息门户"界面中,执行"固定资产"|"设置"|"部门对应折旧科目"命令,进入"部门对应折旧科目"窗口。

② 在"部门对应折旧科目"窗口中,打开"固定资产部门编码目录"树形结构,选择"1 企划部",单击"操作"按钮,打开"单张视图"选项卡。

③ 在"单张视图"选项卡中,单击"折旧科目"文本框右侧的参照按钮,在"科目参照"列表中选择"560210,管理费用/折旧费用",如图3-26所示。

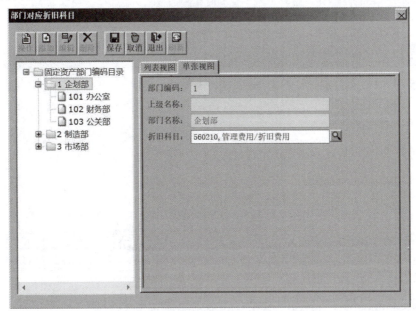

图3-26 "部门对应折旧科目"窗口

☞ 做中学:

◇ 部门档案已在系统管理中设置完毕。

④ 单击"保存"按钮,重复②③操作步骤,设置其他部门的对应折旧科目。

⑤ 单击"退出"按钮,返回"信息门户"界面。

设置部门对应折旧科目

2. 设置固定资产增减方式

① 在"信息门户"界面中,执行"固定资产"|"设置"|"增减方式"命令,或者单击标题栏的"增减方式",进入"增减方式"窗口。

② 在"增减方式"窗口中,打开"增减方式目录表"树形结构,双击"1 增加方式"文件夹,选择"101 直接购入"子文件夹。单击"操作"按钮,打开"增减方式"|"单张视图"选项卡。

③ 在"增减方式"|"单张视图"选项卡中,单击"对应入账科目"文本框右侧的参照按钮,在"科目参照"列表中选择"1002,银行存款",如图3-27所示。

☞ 做中学:

◇ 已使用过(卡片已选用过)的增减方式或非末级增减方式,不能删除。

◇ 设置了对应科目,在发生该增减方式的固定资产变动时,系统将自动采用这些科目。

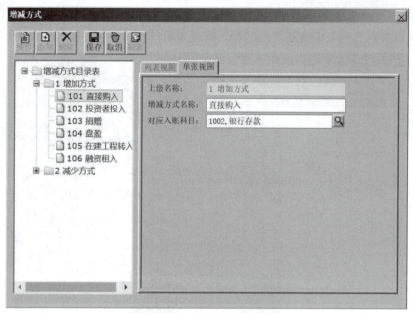

图3-27 "增减方式"窗口

设置固定资产
增减方式

④ 单击"保存"按钮。重复②③操作步骤,继续设置其他固定资产增减方式的对应科目。

⑤ 单击右上角的"×"按钮,返回"信息门户"界面。

活动3.2.4 录入固定资产原始卡片

【任务】

在完成活动3.2.3操作的基础上,根据表3-9给出的资料录入固定资产原始卡片。

表3-9 固定资产原始数据

固定资产编码	固定资产名称	类别编码	所在部门	增加方式	使用年限	开始使用日期	原值
011001	生产设备	011	生产部	投资转入	10	2020.12.03	200000.00
合计							200000.00

注:使用状况均为在用。

【指导】

固定资产卡片是指登记固定资产各种资料的卡片。它是每一项固定资产的全部档案记录,即固定资产从进入企业开始到退出企业的整个生命周期所发生的全部情况,都要在卡片上予以记载。因此,录入固定资产卡片是基础设置工作后最为重要的一项工作。

将固定资产原始数据录入会计信息系统的目的是为以后固定资产的日常管理奠定基础。原始卡片录入不限制在第一个期间结账前进行完毕,任何时候都可以录入原始卡片。

【步骤】

① 以资产管理员"003 刘琴"注册"信息门户"。

② 在"信息门户"界面中,执行"固定资产"|"卡片"|"录入原始卡片"命令,或者单击"原始卡片录入"图标,打开"资产类别参照"对话框。

③ 在"资产类别参照"对话框中,系统自动打开"01 通用设备"|"011 生产用设备"文件夹,单击"确认"按钮,进入"录入原始卡片"窗口。

④ 在"录入原始卡片"窗口中,在"固定资产名称"框录入"生产设备";双击"部门名称",选择"生产部";双击"增加方式",选择"投资者投入";双击"使用状况",选择"在用";在"使用年限"框中录入"10年";在"开始使用日期"框中录入"2020-12-03";在"原值"框中录入"200000"元。其他信息由系统依据初始设置时的要求自动带入,无须录入,如图3-28所示。

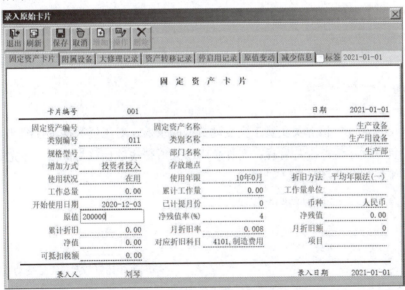

图3-28 "录入原始卡片"窗口

☞ 做中学:

◇ 卡片编号。系统根据初始设置的编码长度自动设定,不能修改。如果删除一张卡片且又不是最后一张卡片时,系统将保留空号。

◇ 已计提月份。系统将根据开始使用日期自动算出,但可以修改。

◇ 月折旧率、月折旧额。录入与计算折旧有关的项目后,系统自动计算并显示在相应项目内。

录入固定资产原始卡片

活动3.2.4账套数据

◇ 原值、累计折旧额。录入的卡片必须是录入月的月初价值，否则会出现计算错误。

⑤ 单击"保存"按钮，系统弹出"原始卡片录入成功"提示信息，单击"确定"按钮。

⑥ 单击"退出"按钮，返回"信息门户"界面。

【报告】

本活动的账套数据可通过扫描左侧二维码下载。此数据既可以用作活动3.3.2的初始数据，也可以与当前操作结果进行核对。

任务3.3 工资和固定资产日常业务处理

工作目标

正确处理工资系统和固定资产系统日常业务。

工作岗位

薪资核算员、资产管理员、会计、账套主管。

工作内容

在这里，薪资核算员负责工资变动数据的录入，对工资数据进行统计；资产管理员负责固定资产卡片管理；会计负责个人所得税的计算与申报，并完成固定资产系统的日常业务处理。

任务3.3的工作导图见图3-29。

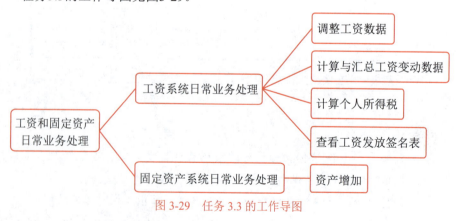

图3-29 任务3.3的工作导图

活动3.3.1　工资系统日常业务处理

【任务】

在完成活动3.1.6操作的基础上，继续完成以下工作任务：

(1) 新冠疫情发生后，销售部员工在做好自身防护的同时，积极开展线上线下推广活动，为企业解困。经研究，对该部门员工的绩效工资调增500元。

(2) 计算与汇总2021年1月份人员工资。

(3) 计算个人所得税。

(4) 查看工资发放签名表。

【指导】

工资系统的日常业务处理，主要是对员工档案的维护、员工个人工资数据的调整以及某些工资项目的增减设置，包括人员的变动、工资数据的修改、个人所得税的计算与申报、工资数据的计算与汇总等工作。

1. 工资数据变动

(1) 人员变动，一般是指在日常工资业务核算中对人员的增加、减少等情况的调整，以及对员工档案信息的添加、修改或删除。

(2) 工资数据调整，一般是指在日常工资业务核算中对员工工资数据的增加、减少等情况的调整。一般地，它可以通过"过滤器""替换"等功能来完成，当然，也可以直接在工资变动表中修改。

① 过滤项目修改工资数据。如果只对工资项目中的某一项目做修改，可进行过滤设置。

② 成批替换工资数据。如果要对同一工资项目做统一变动，可通过"替换"功能提高修改速度。

2. 工资数据的计算与汇总

在修改了某些数据，或者增加了某些工资项目，或者重新设置了计算公式以后，必须重新计算与汇总个人工资数据，以保证工资数据的正确。

3. 个人所得税的计算与申报

采用工资系统计算与申报个人工薪所得税，需要完成以下步骤。

(1) 设置个人所得税申报表栏目。系统提供了个人所得税申报表标准栏目，例如，人员编号、姓名、所得项目、收入额合计、减费用额、应纳税所得额、税率、速算扣除数、扣缴所得税额等。还提供了完税证字号、纳税日期和备注3个可选栏目，企业可以根据实际需要选择设置。

(2) 计算与申报个人所得税。个人所得税申报表的显示栏目和税率确定以后，系统自动重新计算个人工薪所得税。

4. 工资数据统计分析

工资数据的输出，按其内容可大体分为三个部分：个人工资数据(工资明细表)、按部门汇总的工资数据、按统计口径汇总的数据。按其输出途径又可分为两种：屏幕显示和打印机输出。查询输出可实现从屏幕输出，可按个人、单位或其他指定条件查询工资数据并显示。打印输出是把个人工资数据和各部门、车间科室的汇总数据以工资表等形式打印出来。

【步骤】

1. 计算 2021 年 1 月份工资

以薪资核算员"004 陈芳"身份注册"信息门户"。

(1) 成批替换工资数据。

① 在"信息门户"界面中，执行"工资"|"业务处理"|"工资变动"命令，或者单击"工资变动"图标，进入"工资变动"窗口。

② 在"工资变动"窗口中，单击"替换"按钮，打开"数据替换"对话框。

③ 在"数据替换"对话框中，单击"将项目："下拉按钮，选择"绩效工资"，在"替换成："文本框中录入"绩效工资+500"。

④ 在"条件"区域中，默认"项目"为"部门"，单击"值"下拉按钮，选择"销售部"，如图3-30所示。

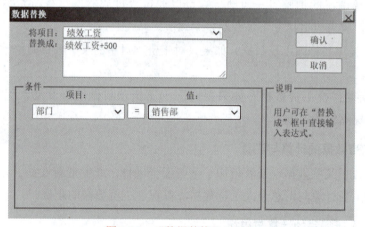

图 3-30 "数据替换"对话框

⑤ 单击"确认"按钮，系统弹出"替换成功，共替换6条记录，是否刷新工资变动数据"提示信息。

⑥ 单击"确定"按钮，返回"工资变动"窗口，可以查看销售部"绩效工资"的变动情况，如图3-31所示。

(2) 工资数据的计算与汇总。

① 在"工资变动"窗口中，单击"计算"按钮，计算工资数据。单击"汇总"按钮，汇总工资数据。

② 单击"导出"按钮，将2021年1月份"工资变动表"保存到指定的硬盘中。

③ 单击"退出"按钮，返回"信息门户"界面。

图 3-31　2021 年 1 月份"工资变动表"

计算工资

2. 计算与申报个人所得税

① 以会计"002　钱前"身份注册"信息门户"。

② 在"信息门户"界面中，执行"工资"|"业务处理"|"扣缴所得税"命令，或者单击"扣缴个人所得税"图标，打开"栏目选择"对话框。

③ 在"栏目选择"对话框中，默认系统提供的"标准栏目"，默认"所得项目"为"工资"，单击"对应工资项目"下拉按钮，选择"计税基数"，如图3-32所示。

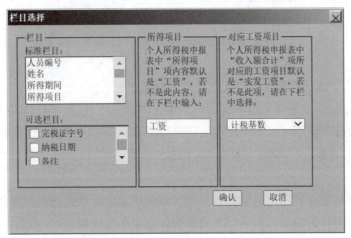

图 3-32　"扣缴个人所得税"|"栏目选择"对话框

做中学：

◇ 系统提供的扣缴申报表仅对工资薪金所得征收个人所得税，其他劳务收入不予考虑。

◇ 设置个人所得税参数后，系统会自动根据职工月工资计算应纳税额。

计算与申报
个人所得税

④ 单击"确认"按钮，系统弹出"是否重算数据？"提示信息，单击"确定"按钮，进入"个人所得税"窗口。

⑤ 单击"栏目"按钮，可查看"个人所得税扣缴申报表"栏目；单击"税率"按钮，可查看"个人所得税申报表——税率表"。

⑥ 单击"退出"按钮，返回"信息门户"界面。

3. 查看工资发放签名表

① 以会计"002　钱前"或薪资核算员"004　陈芳"身份注册"信息门户"。

② 在"信息门户"界面中，执行"工资"|"统计分析"|"账表"|"工资表"命令，打开"工资表"对话框。

③ 在"工资表"对话框中，双击选中的工资表"工资发放签名表"，打开"工资发放签名表"对话框，如图3-33所示。

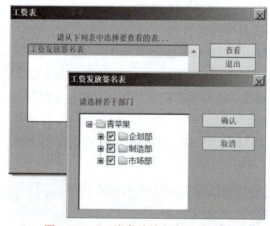

图3-33　"工资发放签名表"对话框

查看工资发放
签名表

活动3.3.1
账套数据

④ 单击"确认"按钮，进入"工资发放签名表"窗口。

⑤ 在"工资发放签名表"窗口中，单击"输出"按钮，可以输出2021年1月份的工资结算数据。

⑥ 单击"退出"按钮，返回"信息门户"界面。

【报告】

本活动的账套数据可通过扫描左侧二维码下载。此数据既可以用作活动4.2.1或活动5.1.1的初始数据，也可以与当前操作结果进行核对。

活动3.3.2　固定资产系统日常业务处理

【任务】

在完成活动3.2.2操作的基础上，处理固定资产增加业务：

> 2021年1月3日，销售部购买一台笔记本电脑，价值10000.00元，税额为1300.00元。该电脑预计净残值率为4%，预计使用年限5年，已交付使用。(附单据4张)

【指导】

固定资产在日常管理过程中，由于某种原因会发生增加、减少及部门间的转移，这时需要做出及时的处理，否则会影响折旧的计提。在月末，还需要准确计提本月折旧，及时生成记账凭证。

1. 固定资产增加核算

固定资产增加的基本途径，可分为固定资产的购建、投资者投入、捐赠、盘盈等，核算时应根据实际业务要求，在固定资产卡片中选择录入固定资产增加的信息内容。

2. 固定资产减少核算

固定资产减少的基本途径，可分为固定资产的出售、投资转出、报废、毁损、盘亏等。企业会计准则规定，对月份内增加的固定资产，当月不计提折旧，从次月开始计提；对月份内减少的固定资产，当月照提折旧，从次月开始停提。因此，减少固定资产时，需要先进行计提折旧。

固定资产减少核算，有两种方法：一是如果要减少的资产较少或没有共同点，则通过录入资产编号或卡片号，将资产添加到资产减少表中；二是如果要减少的资产较多并且有共同点，则可以通过录入一些查询条件，将符合该条件的资产挑选出来进行批量减少。

3. 固定资产变动核算

资产变动主要包括原值变动、部门转移、使用状况变动、使用年限调整、折旧方法调整、净残值(率)调整、工作总量调整、累计折旧调整、资产类别调整，以及固定资产停用、封存、启用等方面的内容。固定资产系统对已做出变动的资产，要求录入相应的变动单来记录资产调整结果。

【步骤】

1. 录入固定资产增加卡片

① 以资产管理员"003　刘琴"身份注册"信息门户"。

② 在"信息门户"界面中，执行"固定资产"|"卡片"|"资产增加"命

令，或者单击"资产增加"图标，打开"资产类别参照"对话框。

③ 在"资产类别参照"对话框中，打开"03　电子设备及其他通信设备"文件夹，选择"031　经营用电子设备及其他通信设备"。

④ 单击"确认"按钮，进入"资产增加"窗口。

⑤ 在"资产增加"窗口中，在"固定资产名称"框录入"笔记本电脑"；双击"部门名称"，选择"销售部"；双击"增加方式"，选择"直接购入"；双击"使用状况"，选择"在用"；在"使用年限"框中录入"5年"；在"开始使用日期"框中录入"20210103"；在"原值"框中录入"10000"元；在"可抵扣税额"框中录入"1300"元。其他信息由系统自动带入，如图3-34所示。

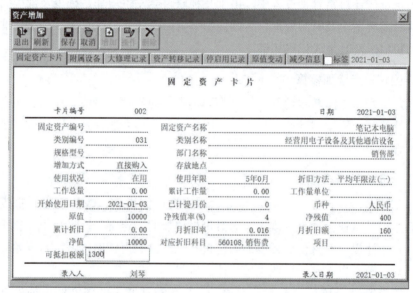

图3-34　"资产增加"窗口

做中学：

◇ 当开始使用月份等于资产录入月份时，应在"资产增加"窗口中完成。

◇ "开始使用日期"中只能改变日期，不能修改年和月。

◇ 这里的固定资产原值为录入月份的原始价值，否则会出现计算错误。

◇ 新卡片第一个月不提折旧，累计折旧为空或0。

录入固定资产增加卡片

⑥ 单击"保存"按钮，系统弹出"资产增加成功"提示信息，单击"确定"按钮。

⑦ 单击"退出"按钮，返回"信息门户"界面。

2. 生成固定资产增加凭证

① 以会计"002　钱前"身份注册"信息门户"。

② 在"信息门户"界面中，执行"固定资产"|"处理"|"批量制单"命

令,或者单击"批量制单"图标,进入"批量制单"窗口。

③ 在"批量制单"窗口中,默认系统打开的"制单选择"选项卡,双击需要制单的业务行的"制单"栏,使之标上"Y",如图3-35所示。

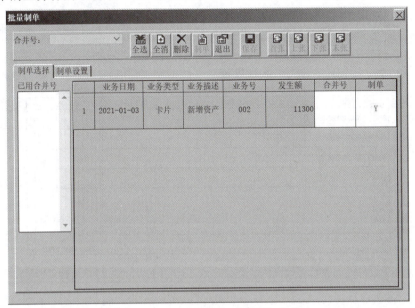

图 3-35　选择需制单的资产增加业务

④ 单击"制单设置"选项卡,检查新增资产自动转账分录是否正确,如图3-36所示。

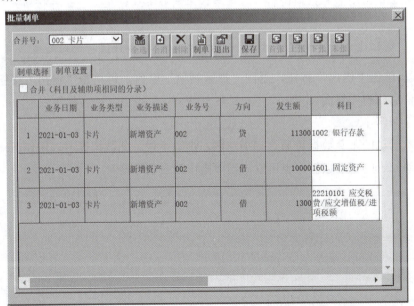

图 3-36　检查资产增加会计分录

⑤ 无误后,单击"制单"按钮,系统生成资产增加的记账凭证。
⑥ "附单据数"录入"4","摘要"均改为"直接购入笔记本电脑一台,

已交销售部使用"。

⑦ 单击"保存"按钮，系统弹出"保存成功！"提示信息，单击"确定"按钮，凭证左上角显示"已生成"，如图3-37所示。

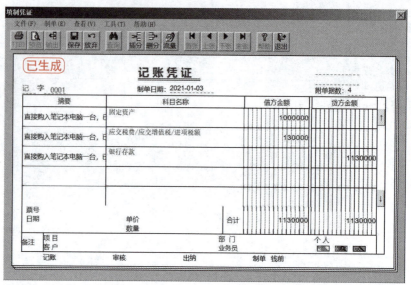

图3-37 生成资产增加的记账凭证

📖 做中学：

◇ 生成固定资产业务凭证可以采用"立即制单"和"批量制单"两种方法。批量制单功能可以同时将一批需要制单的业务连续生成凭证并传输到总账系统中。

◇ 凭证生成后，需经审核会计审核签字，记账会计进行记账处理。

⑧ 单击"退出"按钮，返回"批量制单"窗口。再单击"退出"按钮，返回"信息门户"界面。

【报告】

本活动的账套数据可通过扫描左侧二维码下载。此数据既可以用作活动4.1.2或活动5.2.1的初始数据，也可以与当前操作结果进行核对。

生成固定资产增加凭证

活动3.3.2账套数据

项目 4

总账系统日常处理

任务4.1 总账系统初始设置

工作目标

正确设置总账系统业务参数；深刻体会设置业务参数的重要性；正确录入总账系统期初余额。

工作岗位

账套主管。

工作导图

在这里，账套主管的工作主要包括设置新账套的总账系统业务参数，录入总账系统期初余额。

任务4.1的工作导图见图4-1。

图 4-1 任务 4.1 的工作导图

活动4.1.1 设置总账系统参数

【任务】

以账套主管"001 赵海"身份在2021年1月1日注册"[001]青苹果"账套。在完成活动2.2.5操作的基础上,设置总账系统业务参数。

(1) 凭证制单时,采用序时控制;需要进行支票控制;制单权限不控制到科目;不可修改、作废他人填制的凭证;不可以使用其他系统受控科目;打印凭证页脚姓名;未审核的凭证不得记账;需要进行精细预算控制。

(2) 账簿打印位数、每页打印行数按软件的标准设定,明细账打印按年排页。

(3) 数量小数位和单价小数位为4位,部门、个人、项目按编码方式排序,会计日历为1月1日—12月31日。

【指导】

为了适应企业会计核算和经营管理的需求,在首次启动总账系统时,需要设置反映总账系统核算要求的业务参数。总账系统的业务参数将决定总账系统的录入控制、处理方式、数据流向、输出格式等,设置后一般不能随意更改。

畅捷通T3云财务平台预置一系列总账系统业务参数,企业可根据具体需要进行更改,主要包括凭证、账簿、会计日历和其他4个方面参数的调整。

(1) 凭证参数设置。包括制单控制、凭证编号方式、外币核算、凭证控制、预算控制、合并凭证显示与打印等项目。其中,制单控制是指在填制凭证时,系统应对哪些操作进行控制;凭证编号包括系统编号和手工编号两种方式;企业如果有外币业务,则应选择相应的汇率方式,即固定汇率和浮动汇率。

(2) 账簿参数设置。包括打印位数宽度、明细账(日记账、多栏账)打印输出方式、凭证与正式账每页打印行数、明细账查询权限控制到科目、制单、辅助账查询控制到辅助核算等项目。

(3) 其他参数设置。主要包括数量小数位、单价小数位、本位币精度、部门排序方式、个人排序方式、项目排序方式、打印设置按客户端保存等项目。

【步骤】

以账套主管"001 赵海"身份注册进入"信息门户"。

1. 设置凭证参数

① 在"信息门户"界面中,执行"总账"|"设置"|"选项"命令,打开"选项"对话框。

② 在"选项"对话框中,浏览"凭证"选项卡。

③ 在"制单控制"中,单击选中"支票控制"复选框;单击取消"允许修改、作废他人填制的凭证"复选框;单击取消"可以使用其他系统受控科目"复选框;单击选中"预算控制"复选框。其余参数默认系统预置,如图4-2所示。

设置凭证参数

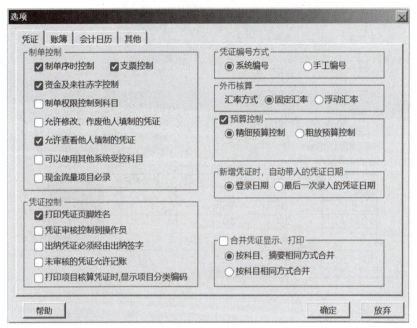

图 4-2 总账系统业务参数的"选项"|"凭证"选项卡

做中学：

◇ 制单序时控制。为了避免在制单时发生"凭证假丢失"现象，系统默认凭证保存时不按凭证号顺序排列而按日期顺序排列，除非有特殊需要可将其改为不按序时制单。

◇ 支票控制。选择支票控制，当使用银行科目制单时，录入了未在支票登记簿中登记的支票号，系统要求补充登记支票登记簿。

◇ 允许修改、作废他人填制的凭证。若选择了此项，在制单时可修改或作废别人填制的凭证，否则不能修改。

◇ 系统编号。指在制单时，按照凭证类别按月自动编制凭证编号。

◇ 手工编号。指在制单时，凭证编号需要手工录入。

◇ 固定汇率。指在制单时，一个月只按一个固定的汇率折算本位币金额，而浮动汇率则是指在制单时，按当日汇率折算本位币金额。

2. 设置账簿参数

① 在"选项"对话框中，单击"账簿"选项卡。

② 在"明细账(日记账、多栏账)打印方式"选项区域中，默认系统预置的参数，如图4-3所示。

设置账簿参数

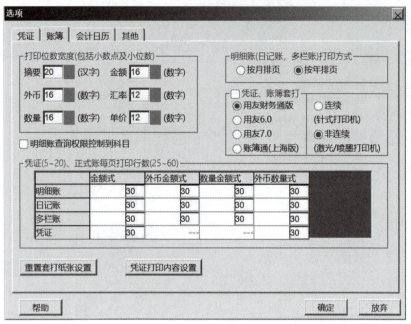

图 4-3　总账系统业务参数的"选项"|"账簿"选项卡

☞ **做中学：**

◇ 凭证打印行数。指设置凭证每页的行数。

◇ 正式账每页打印行数。指设置明细账、日记账、多栏账的每页打印行数。

◇ 按月排页。即打印时，从所选月份范围的起始月份开始将明细账顺序排页，并从第1页开始将其打印输出，打印起始页号为"1页"。这样，即使所选月份范围不是1月份，打印的页号也从"1页"开始排序。

◇ 按年排页。即打印时，从本会计年度的第1个月开始将明细账顺序排页，打印起始页号为所打月份在全年总排页中的页号。这样，即使所选月份范围不从1月份开始，则打印的页号仍然为对应月份的页号。

3. 设置其他参数

① 在"选项"对话框中，单击"其他"选项卡。

② 依次录入"数量小数位"和"单价小数位""4"、本位币精度"2"。其余参数默认系统预置，如图4-4所示。

☞ **做中学：**

◇ 在制单与查账时，所定义的数量、单价小数位或本位币精度输出小数，不足位数将用"0"补齐。

◇ 在查询部门、个人往来和项目辅助核算账时，其编码排序方式可根据需要设置。

设置其他参数

项目4　总账系统日常处理

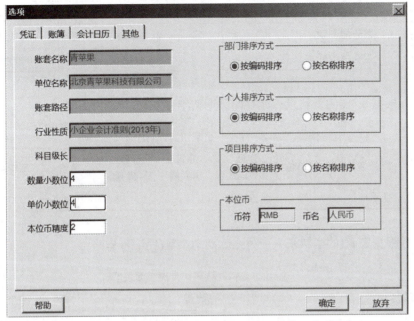

图4-4　总账系统业务参数的"选项"|"其他"选项卡

③ 单击"确定"按钮，系统弹出"参数设置成功！"提示信息。
④ 单击"确定"按钮，返回"信息门户"界面。

活动4.1.2　录入科目期初余额

【任务】

完成活动4.1.1的操作后，继续完成以下工作任务：
(1) 根据表4-1的资料录入科目期初余额，并进行试算平衡。

表4-1　会计科目及期初余额表

科目代码	科目名称	科目类型	辅助核算	账簿格式	方向	期初余额
1001	库存现金			日记账	金额式	借	20710.00
1002	银行存款			日记账 银行账	金额式	借	400888.59
1601	固定资产				金额式	借	200000.00
2001	短期借款				金额式	贷	96000.00
221102	职工福利费				金额式	贷	6390.17
222102	未交增值税				金额式	贷	-11063.00
300101	肖剑				金额式	贷	500000.00
300102	余航				金额式	贷	200000.00

(续表)

科目代码	科目名称	科目类型	辅助核算	账簿格式	方向	期初余额
310415	未分配利润			金额式	贷	12471.42
400101	基本生产成本			金额式	借	150000.00

(2) 根据表4-2的资料录入库存商品期初结存数据(凭证号省略)。

表4-2　库存商品期初结存明细表

商品编号	商品名称	计量单位	累计入库量	累计出库量	上月库存数量	单价	库存金额
01	手环	个	500			200	100000.00

(3) 根据表4-3的资料录入应付账款期初余额(凭证号省略)。

表4-3　应付账款期初余额明细表

日期	供应商	摘要	方向	余额
2020-12-23	HLW	购入外壳1200个，50.00元/个(不含税)	贷	67800.00

【指导】

为确保各账户数据的连续性，首次使用总账系统时，除设置业务参数外，还要将各账户的年初余额或启用月份的月初余额，以及年初到该月的各月借贷方发生额或累计发生额整理好，编制科目余额表，然后录入到总账系统中。

"期初余额"功能包括两个方面，一方面录入科目期初余额，即用于年初录入余额或调整余额；另一方面核对期初余额，并进行试算平衡。录入余额时，应注意以下几点。

(1) 必须注意科目余额的方向。一般情况下，系统默认资产类科目的科目性质为借方，负债及所有者权益类科目的科目性质为贷方。但是，有些科目(如"预付账款""预收账款"等)的余额方向可能会与同类科目性质相反。在建立会计科目时，如果没有对这些科目的余额方向进行调整的话，则应在此处把方向调整正确。如果借贷方向不能改变，余额可用"一"符号表示。

(2) 只需要录入一级和最低级科目的余额，中间级科目的余额系统自动计算，其目的是便于检查上下级科目余额是否相符。

(3) 如果年中某月开始建账，需要录入年初余额或启用月份的月初余额，以及年初到该月的各月借贷方发生额或累计发生额。例如，假设为10月份建账，需录入10月初的期初余额，以及1至9月的借、贷方累计发生额，系统自动计算年初余额。

(4) 如果某科目涉及辅助核算，则必须录入辅助账的期初余额。例如，某科目为部门核算科目，则应录入期初部门核算余额；某科目为数量核算科目，则应录入该科目的期初数量余额。

值得注意的是：在录入余额和方向时，不能对科目进行增、删、改的操作。如要增、删、改科目，必须在设置会计科目功能时进行。

【步骤】

以账套主管“001　赵海”身份注册进入“信息门户”。

1. 录入基本科目余额

① 在“信息门户”界面中，执行“总账”|“设置”|“期初余额”命令，进入“期初余额录入”界面。

② 双击“1001　库存现金”科目的期初余额栏，录入期初余额“23110.00”，如图4-5所示。

科目编码	科目名称	方向	币别/计量	年初余额	累计借方	累计贷方	期初余额
1001	库存现金	借		23,110.00			23,110.00
1002	银行存款	借					
1003	存放中央银行款项	借					
1011	存放同业	借					
1012	其他货币资金	借					
1021	结算备付金	借					
1031	存出保证金	借					
1101	交易性金融资产	借					
1111	买入返售金融资产	借					
1121	应收票据	借					
1122	应收账款	借					
1123	预付账款	借					
1131	应收股利	借					
1132	应收利息	借					
1201	应收代位追偿款	借					
1211	应收分保账款	借					
1212	应收分保合同准备金	借					
1221	其他应收款	借					
1231	坏账准备	贷					
1301	贴现资产	借					
1302	拆出资金	借					
1303	贷款	借					
1304	贷款损失准备	贷					
1311	代理兑付证券	借					
1321	代理业务资产	借					

提示：“科目余额录入从明细科目录入，如遇有辅助科目核算，则先完成辅助科目余额的初始”完成期初余额录入后，　应进行“对账”和“试算”二个功能操作，在系统已经记账后，不能进行期初余额的修改操作。

期初：2010年11月

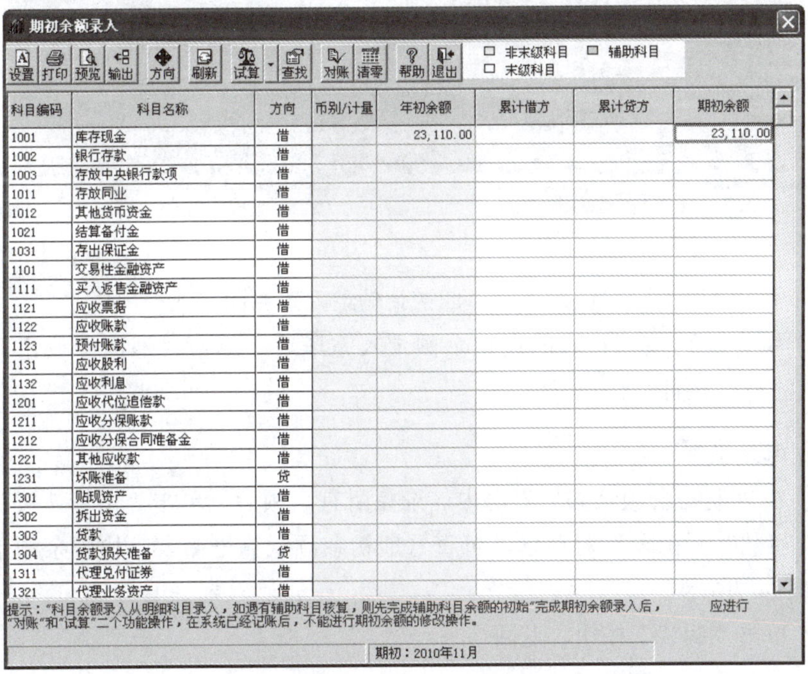

图 4-5　“期初余额录入”界面

做中学：

- 修改余额时，直接录入正确数据即可。
- 凭证记账后，期初余额变为浏览只读状态，不能再修改。

③ 继续录入其他科目余额。录入完毕后，单击“退出”按钮，返回“信息门户”界面。

录入基本科目余额

2. 录入辅助核算科目余额

① 在"期初余额录入"界面中，双击"应付账款"供应商往来核算科目的"期初余额"栏，进入"期初辅助核算"窗口。

② 在"期初辅助核算"界面中，单击"增加"按钮。

③ 依次录入有关信息，如图4-6所示。

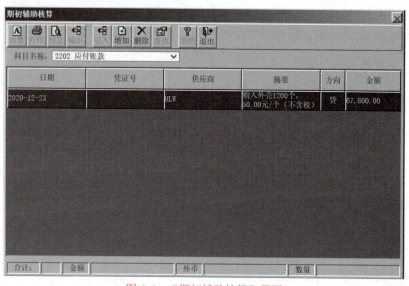

图 4-6 "期初辅助核算"界面

录入辅助核算
科目余额

④ 单击"退出"按钮，返回"期初余额录入"界面。

⑤ 所有辅助核算科目的期初余额录入完毕后，单击"退出"按钮，返回"信息门户"界面。

3. 试算平衡

试算平衡

① 在"期初余额录入"界面中，录完所有余额后，单击"试算"按钮，打开"期初试算平衡表"对话框，可查看期初余额试算平衡表，检查余额是否平衡，如图4-7所示。

② 单击"确认"按钮，返回。

☞ **做中学：**

◇ 期初余额试算不平衡，不能记账，但可以填制凭证。

◇ 记账功能一经使用，则不能再录入或修改期初余额，也不能执行"结转上年余额"的功能。

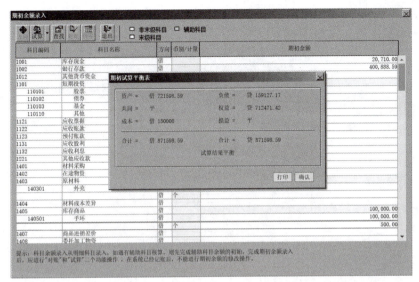

图 4-7 "期初试算平衡表"对话框

【报告】

本任务的账套数据可通过扫描右侧二维码下载。此数据既可以用作活动4.2.1的初始数据,也可以与当前操作结果进行核对。

活动4.1.2
账套数据

任务4.2 总账系统日常业务处理

工作目标

正确处理总账业务,学会填制各类记账凭证;正确输出各类记账凭证;对已填制的记账凭证,完成凭证审核、出纳签字和记账工作。

工作岗位

会计、账套主管、出纳。

工作导图

初始化设置完成后,就可以开始进行日常业务处理了。在这里,会计主要包括填制凭证和输出凭证两大工作内容。

按照企业内部控制制度规定,会计填制的记账凭证必须经过具有审核权限的操作员(本案例为账套主管)进行合法性检查。在这里,账套主管负责对会计填制的记账凭证进行审核签字;出纳负责对反映货币资金收付款业务的凭证进行复核签字。

只有经会计审核、出纳复核签字后的凭证才能记账。

任务4.2的工作导图见图4-8。

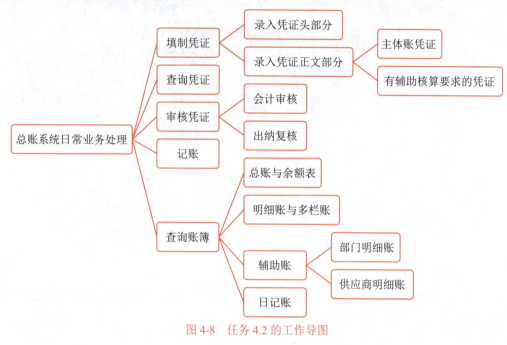

图 4-8　任务 4.2 的工作导图

活动4.2.1　填制凭证

【任务】

在完成活动4.1.2操作的基础上，根据以下给出的2021年1月份经济业务资料，填制记账凭证。

[业务1] 4日，叶舟以自主开发的一项专有技术作为投资，三位合伙人共同协商以200000.00元入账。(附单据3张)

　　借：无形资产(1701)　　　　　　　　　　　　200000.00
　　　　贷：实收资本/叶舟(300103)　　　　　　　　200000.00

[业务2] 5日，肖剑通过网上银行追加投资款100000.00元。(附单据2张)

　　借：银行存款(1002)　　　　　　　　　　　　100000.00
　　　　贷：实收资本/肖剑(300101)　　　　　　　　100000.00

[业务3] 8日，向银行借入期限为6个月的借款50000.00元，年利率4%，存入银行存款户。(附单据2张)

　　借：银行存款(1002)　　　　　　　　　　　　50000.00
　　　　贷：短期借款(2001)　　　　　　　　　　　50000.00

[业务4] 8日，提取现金10000.00元(现金支票号：1090)，用作职工零星报销。(附单据2张)

借：库存现金(1001) 10000.00
　　贷：银行存款(1002) 10000.00

[业务5] 13日，采购部韩磊从北京HLW公司购入外壳1500个，50.00元/个，增值税适用税率13％，外壳尚未验收入库，货税款尚未支付。(附单据2张)
借：在途物资(1402) 75000.00
　　应交税费/应交增值税/进项税额(22210101) 9750.00
　　贷：应付账款/HLW公司(2202) 84750.00

[业务6] 16日，13日购进的外壳验收入库。(附单据1张)
借：原材料/外壳(140301) 75000.00
　　贷：在途物资(1402) 75000.00

[业务7] 16日，生产部领用外壳1500个。(附单据1张)
借：生产成本/基本生产成本(400101) 75000.00
　　贷：原材料/外壳(140301) 75000.00

[业务8] 17日，陈芳报销办公用品费4500.00元，取得增值税普通发票，以现金付讫。(附单据4张)
借：管理费用/办公费(560201) 4500.00
　　贷：库存现金(1001) 4500.00

[业务9] 18日，以网上银行转账汇款方式归还前欠北京HLW公司货款84750.00元。(附单据2张，业务员韩磊)
借：应付账款/HLW公司(2202) 84750.00
　　贷：银行存款(1002) 84750.00

[业务10] 21日，采购部韩磊从北京HLW公司购入外壳3000个，50.00元/个，增值税适用税率13％，材料尚未验收入库，货税款尚未支付。(附单据2张)
借：在途物资(1402) 150000.00
　　应交税费/应交增值税/进项税额(22210101) 19500.00
　　贷：应付账款/HLW公司(2202) 169500.00

[业务11] 22日，手环完工入库1500个，单位成本66.00元/个。(附单据2张)
借：库存商品/手环(140501) 99000.00
　　贷：生产成本/基本生产成本(400101) 99000.00

[业务12] 26日，根据2021年1月份工资变动表，通过银行代发工资。(附单据3张)
借：应付职工薪酬/职工工资(221101) 187800.00
　　贷：银行存款(1002) 145080.64
　　　　应付职工薪酬/社会保险费(个人)(22110401) 19155.60
　　　　住房公积金(个人)(22110501) 22536.00
　　　　应交税费/应交个人所得税(222112) 1027.76

【指导】

日常业务处理首先从填制凭证开始，而记账凭证是总账系统处理的起点，也是所有查询数据的一个最主要来源。由于记账凭证是登记账簿的依据，在实施会计信息系统处理账务后，电子账簿的准确与完整完全依赖于记账凭证，因此，必须确保记账凭证录入的准确完整。

在总账系统中，产生记账凭证的途径有三种：一是根据审核无误的原始凭证直接在计算机上填制记账凭证；二是先由人工填制记账凭证，再录入到系统中；三是系统自动生成机制凭证。凭证的录入采用键盘录入、语音录入、网络传输和自动生成机制凭证4种方式，其中键盘录入是最常用的形式。

1. 记账凭证的内容和填制要求

记账凭证的内容一般包括两部分：一是凭证头部分，包括凭证类别、凭证编号、凭证日期和附件张数等；二是凭证正文部分，包括摘要、会计分录和金额等。如果录入的会计科目有辅助核算要求，则应录入辅助核算内容。

在总账系统中，允许录入未结账月份的记账凭证；可以在月末未结账的情况下，录入下一个月的凭证，即跨月录入凭证。

2. 修改凭证

现行的《会计档案管理办法》对错误凭证的修改有着严格的要求。因此，在总账系统中，对不同状态下的错误凭证有不同的修改方式，具体要求如下：

(1) 对已录入但未审核的记账凭证，可随时找到错误凭证，在填制状态下直接进行修改。值得注意的是：操作员本人或者具有修改权限的操作员才能修改凭证，且凭证编号不能修改。

(2) 已通过审核但还未记账的凭证不能直接修改，应先取消审核(参见活动4.2.2内容)后，再做修改。

(3) 若发现已记账(参见活动4.2.3内容)的凭证有错，不能直接修改，针对此类凭证的处理，审计准则要求需留下审计线索，因此，只能采用"红字凭证冲销法"或者"补充凭证法"进行更正。例如，从银行提取现金5000元，但录入该笔业务的付款凭证时，错输为500元，记账后发现错误，需修改此凭证，此时，也可采用红字冲销法。其做法是：首先通过填制一份红字凭证冲销错误凭证，然后再填制一份正确凭证(又称蓝字凭证)进行修正。红字凭证应视同正常凭证进行保存和管理。

3. 作废或删除凭证

如果遇到有非法的凭证需要作废，则可以在"填制凭证"窗口中，使用"作废/恢复"功能，将这些凭证作废。作废凭证仍保留凭证内容及编号，只显示"作废"字样。初始设置选择了凭证自动编号，系统对作废凭证不做断号处理。

作废凭证不能被修改，不能被审核。

在记账时，已作废的凭证应参与记账，否则月末无法结账，但不对作废凭证做数据处理，相当于一张空凭证。查询账簿时，查不到作废凭证的数据。

(1) 若要作废凭证，可执行"制单"|"作废/恢复"命令，作废当前凭证。若要恢复凭证，同样执行该命令，取消作废标志，并将当前凭证恢复为有效凭证。

(2) 如果不想保留作废凭证，则可以通过"整理凭证"功能，将其彻底删除，并对未记账凭证重新编号。

【步骤】

以会计"002　钱前"身份注册"信息门户"。

1. 录入凭证头部分

以[业务1]为例。

① 在"信息门户"界面中，执行"总账"|"凭证"|"填制凭证"命令或者单击"填制凭证"图标，进入"填制凭证"界面。

② 在"填制凭证"界面中，单击"增加"按钮，增加一张新凭证。

③ 默认凭证类别为记账凭证。

④ 在"制单日期"处录入"2021-01-04"。

⑤ 在"附单据数"处录入"3"，如图4-9所示。

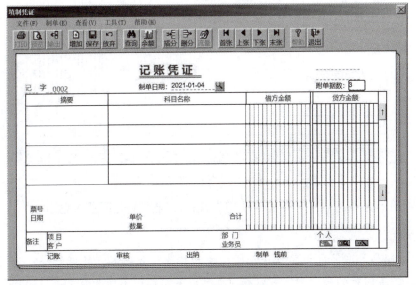

图 4-9　录入凭证头部分

录入凭证头部分

做中学：

◇ 凭证类别。为初始设置时已定义的凭证类别名称。

◇ 凭证编号。采用自动编号时，系统自动按月按类别连续进行编排。编号一般由凭证类别编号和凭证顺序编号组成，如记001、记002等。

◆ 制单日期。包括年月日。由于日期的正确性将影响经济业务在明细账和日记账中的顺序,因此,采用序时控制时,日期将随凭证号递增而递增,且制单日期应大于等于启用日期,但不能超过业务日期。

◆ 附单据数。即本张凭证所附原始凭证的张数。

◆ 凭证一旦保存,其凭证类别、凭证编号均不能被修改。

2. 录入凭证正文部分

(1) 录入主体账凭证。继续完成[业务1]。

① 录入摘要"叶舟投入专有技术";录入科目名称"1701　无形资产";录入借方金额"200000"。

② 按Enter键,继续录入下一行。

③ 如果借贷方科目均无辅助核算要求,则录入贷方内容后,单击"保存"按钮,系统弹出"保存成功!"提示信息,如图4-10所示。

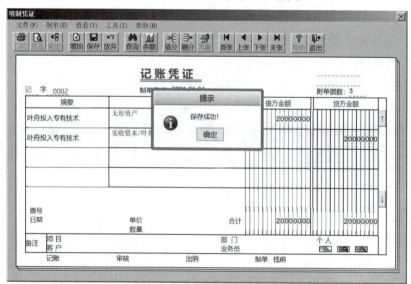

图 4-10　录入 [业务 1] 凭证

录入主体账凭证

④ 在提示信息框中,单击"确定"按钮,[业务1]凭证录入完毕。

☞ 做中学:

◆ 摘要。即简要说明本凭证所反映的经济业务内容。凭证的每行必须有摘要内容,不同行的摘要内容可以相同也可以不同,但不能为空。每行的摘要将随其内容在明细账、日记账中出现。当前新增分录完成后,按Enter键,系统将摘要自动复制到下一分录行。

◆ 科目。会计科目可以通过科目编码或科目助记码录入,系统将其自动切换为对应的会计科目名称。录入的科目编码必须在建立会计科目时已经定义,且为最末级的科目编码。

◇ 方向。每一科目的发生额均应有它的方向，即借方或贷方。

◇ 金额。金额不能为"0"；红字以"-"号表示；会计科目借贷双方金额必须平衡。

◇ 合计。系统自动计算借方科目和贷方科目的金额合计数。

◇ 制单人签字。系统默认为当前注册进入本系统时的操作员姓名。

(2) 如果在科目设置时设置了相应的"辅助核算"，则在录入每笔分录时，系统要求录入辅助核算的内容。

3. 录入有辅助核算要求的凭证

(1) 录入有银行账要求的凭证。以[业务2]为例。

① 1002科目为银行科目，录入科目编码时，或者在凭证下方左侧，单击"票号日期"时，系统会弹出"辅助项"对话框。

② 在"辅助项"对话框中，参照选择结算方式，录入票号及发生日期，如图4-11所示。

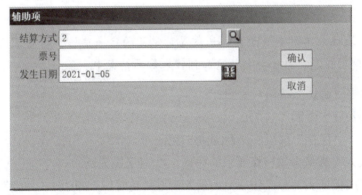

图4-11 录入银行账辅助信息

录入有银行账
要求的凭证

③ 单击"确认"按钮返回。辅助核算信息显示在凭证下方左侧。

做中学：

◇ 在初始设置时，如果选择了支票控制，即该结算方式设为支票管理，银行账辅助信息不能为空，而且该方式的票号应在支票登记簿中有记录。

(2) 录入有往来核算要求的凭证。以[业务5]为例。

① 完成凭证头部分和借方信息录入的操作后，当录入贷方科目时，"2202 应付账款"科目为供应商往来核算科目，系统弹出"辅助项"对话框。

② 在"辅助项"对话框中，参照选择供应商、业务员，录入发生日期，如图4-12所示。

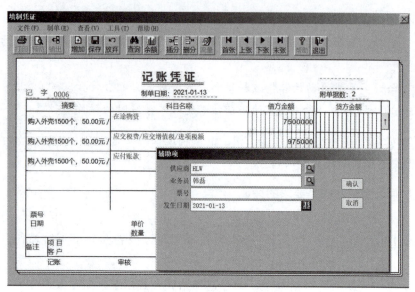

图 4-12 录入往来核算辅助信息

做中学：

录入有往来核算要求的凭证

◇ 如果往来单位不属于在初始设置时定义的往来单位，则要正确录入新的往来单位辅助信息，系统会自动追加到往来核算档案中。

③ 单击"确认"按钮，返回。

④ 录入贷方金额"84 750"。

⑤ 单击"保存"按钮，保存[业务5]凭证。

(3) 录入有数量金额核算要求的凭证。以[业务6]为例。

① 完成凭证头部分操作后，当录入借方科目时，"140301 外壳"科目为数量金额核算科目，系统弹出"辅助项"对话框。

② 在"辅助项"对话框中 录入单价"50"、数量"1500"，如图4-13所示。

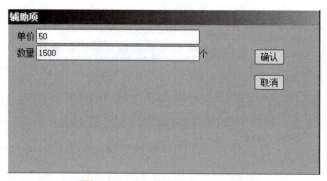

图 4-13 录入数量核算辅助信息

③ 单击"确认"按钮，系统自动计算借方金额"75000.00"，如图4-14所示。

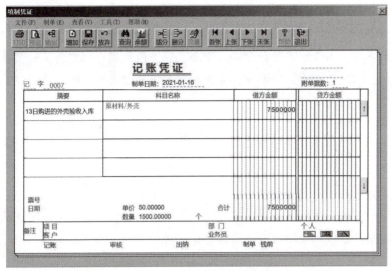

图 4-14　系统自动计算借方金额

做中学：

◇ 系统根据"单价×数量"自动计算出金额，并将金额先放在借方。如果方向不符，可将光标移动到贷方后，按空格键调整金额方向。

◇ 若跳过辅助项信息，凭证仍可继续，也不显示出错警告，但有可能会导致数量金额辅助核算的对账不平。

录入数量核算凭证

④ 继续完成贷方科目操作。录入完毕后，单击"保存"按钮，保存[业务6]凭证。

(4) 录入有部门核算要求的凭证。以[业务8]为例。

① 先完成凭证头部分操作后，当录入借方科目时，"560201　办公费"科目为部门核算科目，系统弹出"辅助项"对话框。

② 在"辅助项"对话框中，参照选择"办公室"，如图4-15所示。

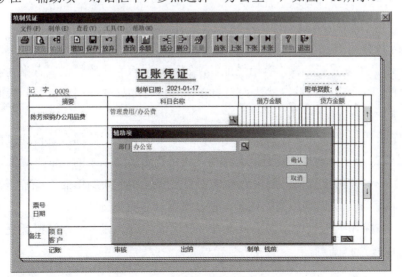

图 4-15　录入有部门核算要求的凭证

做中学：

② 录入部门名称有3种方法：一是直接录入部门名称；二是录入部门代码；三是参照录入。不管采用哪种方法，都要求在部门档案中预先设置好需录入的部门，否则，系统会发出出错警告，要求先到部门档案中对该部门进行设置，才能制单。

③ 单击"确认"按钮，返回"填制凭证"窗口，录入借方金额。

④ 继续完成贷方科目的操作。录入完毕后，单击"保存"按钮，保存凭证。

【报告】

本任务的账套数据可通过扫描左侧二维码下载。此数据既可以用作活动4.2.2的初始数据，也可以与当前操作结果进行核对。

录入部门核算凭证

活动4.2.1 账套数据

活动4.2.2 查询与审核凭证

【任务】

在完成活动4.2.1操作的基础上，继续完成以下工作任务：

(1) 查询1月份未记账凭证。

(2) 对2021年1月所填制的记账凭证进行审核，包括会计审核签字和出纳审核签字。

【指导】

1. 查询凭证

为了能够随时了解经济业务发生的情况，确保记账凭证的正确性，在制单过程中，既可执行"填制凭证"|"查询"命令，也可执行"凭证"|"查询凭证"命令对凭证进行查看。

常用的查询条件有以下几种。

(1) 按凭证类别查询。如记账凭证等。

(2) 按凭证性质查询。系统默认为"全部"，表示查看所有符合条件的凭证；选择"作废凭证"或"有错凭证"，则表示只查看作废凭证或有错凭证。

(3) 按时间查询。系统默认为当前操作月份，如果要专门查询某一段时间的凭证，则需要选择"日期"。

(4) 按凭证来源查询。如果需要查看具体是从哪一个外部系统传递过来的凭证，则单击选中"来源"复选框；否则，表示查看所有系统的凭证。

(5) 按会计岗位查询。如果选择要查询是哪位制单人制单的，或者审核人审核的，或者哪一位出纳签字的凭证，则直接指定该操作员即可。

(6) 按操作流程查询。如果只查看"已记账凭证"或者"未记账凭证"，则单击选中复选框既可。

以上查询凭证的条件确认后,则显示符合条件的凭证列表。查询条件既可单独使用,也可以组合使用,视实际情况而定。

2. 打印凭证

打印凭证是指将未记账或已记账的凭证按标准格式输出到打印机。企业应根据具体需要,合理地选择打印条件。

会计凭证作为会计档案最为重要的部分,必须以纸质保存。如果直接录入原始凭证,由计算机打印输出记账凭证,录入人员、审核人员和会计主管人员签章,则视为有效凭证以保存;如果手工事先填制好了记账凭证,又向计算机录入记账凭证,然后进行处理,则保存手工记账凭证或计算机打印的记账凭证皆可。

无论哪一种形式生成的记账凭证都必须有必要的原始凭证,并按顺序编号装订成册保存。

3. 审核凭证

审核人和制单人不能是同一个人,取消审核只能由审核人进行。

审核工作是指具有审核权限的会计人员对记账凭证进行审核,主要包括审核记账凭证的内容是否与原始凭证内容相符,编制的会计分录是否正确等。如果认为有错误或有异议的凭证,审核人员应交与填制人员修改后,再审核。

审核方法有屏幕审核、静态审核(即打印记账凭证然后进行审核)、二次录入效验。最常用的方法是屏幕审核。审核凭证包括审核员审核签字和出纳复核签字两方面的工作。

(1) 会计审核签字。会计审核时,可直接根据原始凭证,对显示的记账凭证进行审核,对正确的记账凭证执行审核命令,系统自动在凭证上标注审核人名字;对错误的记账凭证,不予审核或执行标错命令。

(2) 出纳复核签字。出纳人员对制单人员填制的带有"库存现金"或"银行存款"科目的凭证进行检查核对,主要复核这些凭证的科目金额是否正确,确保账实相符。

在总账系统中,需要出纳签字的收付款凭证有两种:一是未进行出纳签字的收付款凭证;二是经出纳签字,但在记账前发现有问题,需将其改为未签字状态的凭证。

【步骤】

1. 查询凭证

① 以账套主管"001 赵海"或者会计"002 钱前"身份注册"信息门户"。在"信息门户"界面中,执行"总账"|"凭证"|"查询凭证"命令,打开"查询凭证"对话框。

② 在"查询凭证"对话框中,默认查询月份为"2021.1",单击取消"已记

账凭证"复选框，其他栏目为空，如图4-16所示。

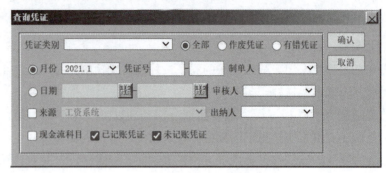

图 4-16 "查询凭证"对话框

③ 单击"确认"按钮，打开符合查询条件的凭证清单，如图4-17所示。

④ 选择需查看的凭证记录，单击"确定"按钮，或者双击需查看的凭证记录，系统自动调出该凭证。

查询凭证

图 4-17 符合查询条件的凭证清单

2. 会计审核

① 以账套主管"001 赵海"身份注册"信息门户"。

② 在"信息门户"界面中，执行"总账"|"凭证"|"审核凭证"命令，或者单击"审核凭证"图标，打开"凭证审核查询"对话框。

③ 在"凭证审核查询"对话框中，默认系统提供的查询条件。

④ 单击"确认"按钮，显示需审核的凭证清单，如图4-18所示。

⑤ 选择需审核的凭证记录，单击"确定"按钮，或者双击需审核的凭证记录，打开该条记录的凭证。

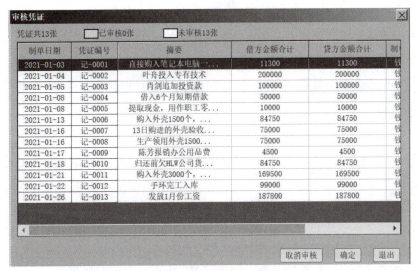

图 4-18　需审核的凭证清单

⑥ 与原始凭证核对无误后，单击"审核"按钮，系统弹出"审核成功！"提示信息，单击"确定"按钮，系统自动签上审核人的名字，如图4-19所示。

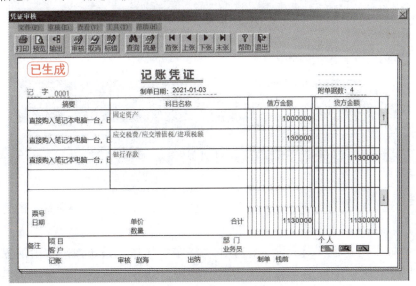

图 4-19　完成会计审核的凭证

做中学：

◇ 作废凭证不能被审核，也不能被标错。

◇ 凭证一经审核，不能被修改或删除。只有取消审核签字后才可修改或删除。

◇ 认为有错误，可单击"标错"按钮。已标错的凭证不能被审核，需先取消标错后才能审核。

会计审核

✧ 执行“审核”|“成批审核凭证”命令，可以提高审核速度，但不建议采用此方法，除非能确保所有的凭证填制无误。

⑦ 单击“下张”按钮，继续对其他凭证进行审核签字。

⑧ 审核完毕后，单击“退出”按钮，返回“信息门户”界面。

3. 出纳复核签字

① 以出纳“003　刘琴”身份注册“信息门户”界面。

② 在“信息门户”界面中，执行“总账”|“凭证”|“出纳签字”命令，打开“出纳签字查询”对话框。

③ 在“出纳签字查询”对话框中，默认系统提供的查询条件。

④ 单击“确认”按钮，显示需出纳签字的凭证清单，如图4-20所示。

制单日期	凭证编号	摘要	借方金额合计	贷方金额合计
2021-01-03	记-0001	直接购入笔记本电脑一...	11300	11300
2021-01-05	记-0003	肖剑追加投资款	100000	100000
2021-01-08	记-0004	借入6个月短期借款	50000	50000
2021-01-08	记-0005	提取现金，用作职工零...	10000	10000
2021-01-17	记-0009	陈芳报销办公用品费	4500	4500
2021-01-18	记-0010	归还前欠HLW公司货...	84750	84750
2021-01-26	记-0013	代扣代缴个人公积金	0	22536
2021-01-26	记-0013	代扣代缴个人社保费	0	19155.6
2021-01-26	记-0013	代扣预缴个人所得税	0	1027.76
2021-01-26	记-0013	发放1月份工资	187800	0
2021-01-26	记-0013	银行代发工资	0	145080.64

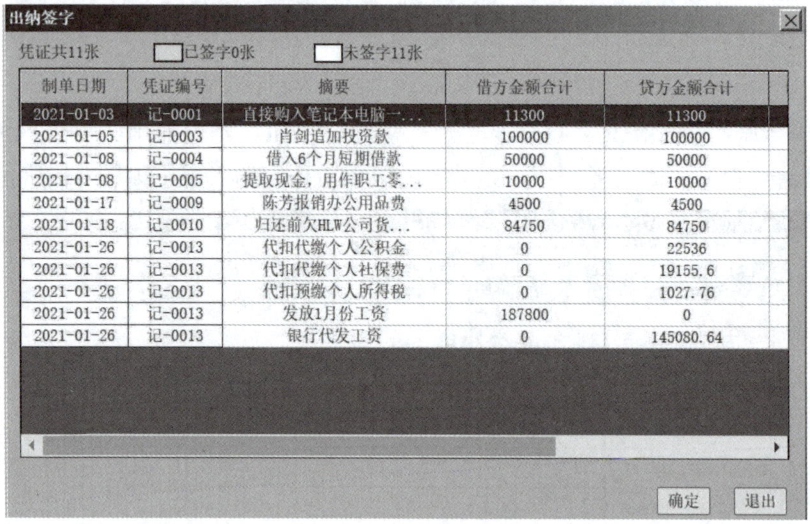

图 4-20　需出纳签字的凭证清单

⑤ 选择需签字的凭证记录，单击“确定”按钮，或者双击需签字的凭证记录，打开该条记录的凭证。

⑥ 与原始凭证核对无误后，单击“签字”按钮，系统弹出“出纳签字成功！”提示信息，单击“确定”按钮，系统自动签上出纳的名字，如图4-21所示。

做中学：

✧ 若要对出纳凭证进行签字，必须指定具有“出纳签字”权限的操作员，同时，在初始设置中将“库存现金”指定为“现金总账科目”，将“银行存款”指定为“银行总账科目”。

✧ 凭证一经出纳签字，不能被修改或删除。只有取消出纳签字后才可以进行，且取消签字也只能由出纳本人完成。

✧ 执行“出纳”|“成批出纳签字”命令，可以提高签字速度，但不建议采用此方法，除非能确保所有的凭证填制无误。

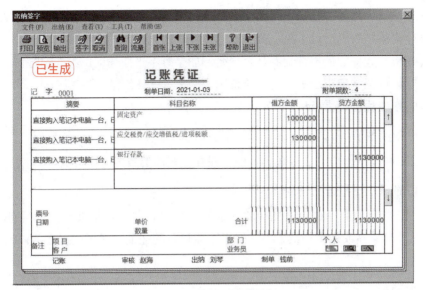

图 4-21 完成出纳签字的凭证

出纳复核签字

⑦ 单击"下张"按钮，继续对其他出纳凭证进行签字。

⑧ 出纳签字完毕后，单击"退出"按钮，返回"信息门户"界面。

活动4.2.3 记账

【任务】

在完成活动4.2.2操作的基础上，对2021年1月份填制的记账凭证进行记账处理。

【指导】

记账即登记账簿，俗称登账或过账。它是以会计凭证为依据，将经济业务全面、系统、连续地记录到具有账户基本结构的账簿中去的一种方法，是会计核算的主要方法之一。

在总账系统中，记账凭证经会计审核、出纳签字后，即可进行记账了。记账操作是指由具有记账权限的操作员发出记账指令，按照系统预先设计的记账程序自动进行合法性检验、科目汇总、登记账簿等操作。

1. 选择记账凭证

记账前，先选择需记账的凭证范围，包括期间、类别、记账范围等。其中，选择记账范围，可录入连续编号范围，如"1-4"表示1号至4号凭证；也可录入不连续编号，如"5，6，9"，表示第5号、6号、9号凭证为本次需要记账的凭证。

2. 记账前的检验

(1) 首次记账时，检查期初余额是否平衡。如果不平衡，则不能记账。

(2) 检验上月是否已记账或已结账。上月未记账或结账时，本月不能记账。
(3) 检验是否已通过审核。若有未通过审核的凭证，不能记账。
(4) 检验凭证的借贷方金额是否平衡。如果有不平衡凭证，不能记账。
(5) 记账范围应小于等于已审核范围。
(6) 作废凭证不需审核，可直接记账。

3. 硬盘备份

记账前，系统自动进行账套备份，保存记账前的数据。

4. 显示记账报告

记账报告，是经过合法性检验后的提示信息，如本次需要记账的凭证中有些凭证没有审核或未经出纳签字，属于不能记账的凭证，就可根据提示修改后再记账。

☞ 做中学：

◆ 上述工作除第1步外其他步骤都是由系统自动进行的。

5. 记账处理过程

整个记账过程处于全自动状态，一般不需要人工操作。

在记账过程中，不得中断退出。如果在记账前发生中断，可直接记账；如果在正在登记过程中发生中断，须先调用恢复记账前状态功能，然后再记账。

记账属于成批数据处理，记账次数不受限制。但为了打印当日的日记账，每天至少应在当天业务录入完后记一次账。记账后的凭证不能在"填制凭证"功能中查询，只能在"查询凭证"功能中查询。

【步骤】

① 以账套主管"001　赵海"身份注册"信息门户"。

② 在"信息门户"界面中，执行"总账"|"凭证"|"记账"命令，或者单击"记账"图标，打开"记账"|"1.选择本次记账范围"对话框。

③ 录入要进行记账的凭证范围。如在记账凭证的"记账范围"栏中，录入"1-13"或单击"全选"按钮，如图4-22所示。

☞ 做中学：

◆ 未审核的凭证，不能记账。
◆ 记账范围应小于等于已审核范围。
◆ 作废凭证无须审核，也可直接记账。

④ 单击"下一步"按钮，打开"记账"|"2.记账报告"对话框，如图4-23所示。

⑤ 如果需要打印记账报告，则单击"打印"按钮。浏览整个记账报告后，单击"下一步"按钮，打开"记账"|"3.记账"对话框。

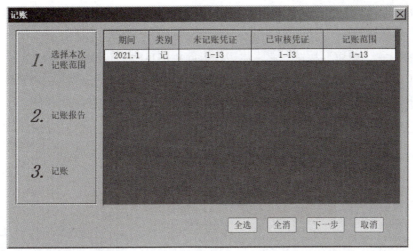

图 4-22 "记账"|"1.选择本次记账范围"对话框

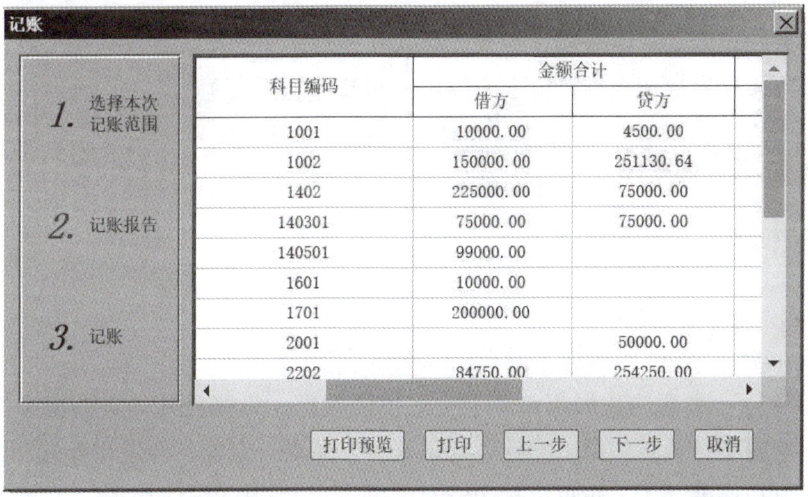

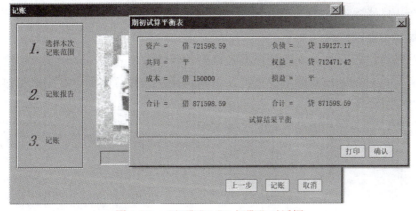

图 4-23 "记账"|"2.记账报告"对话框

⑥ 单击"记账"按钮，打开"期初试算平衡表"对话框，如图4-24所示。

图 4-24 "记账"|"3.记账"对话框

记账

活动4.2.3
账套数据

⑦ 单击"确认"按钮，系统开始记账。完成记账进程后，系统弹出"记账完成"提示信息。

⑧ 单击"确定"按钮，记账完毕，返回"信息门户"界面。

【报告】

本活动的账套数据可通过扫描左侧二维码下载。此数据既可以用作活动4.3.1的初始数据，也可以与当前操作结果进行核对。

任务4.3　日常账簿查询

工作目标

掌握快速查询总账账簿、各种三栏式和多栏式明细账、各种往来账款核算账簿的技巧；掌握快速查询日记账和日报表的技巧。

工作岗位

账套主管、会计、出纳。

工作导图

各种会计账簿的数据都来源于记账凭证数据，记账只是"数据搬家"，不会产生新的会计核算数据。会计凭证记账后，录入一定的条件进行查询，查询的结果可以在屏幕显示，也可以打印输出。可以查询的账簿有明细账、总账、辅助账、日记账等。

在这里，除了账套主管具有对所有账表进行查询、修改、删除等管理权限外，会计只能管理由自己记账的各种账簿；出纳只能管理现金日记账、银行存款日记账和资金日报表。

对账簿进行查询，主要是根据经营管理需要输出总账、余额表、明细账、多栏账等；对辅助核算账进行查询，主要包括部门核算账簿、往来账款核算账簿等。

任务4.3的工作导图见图4-25。

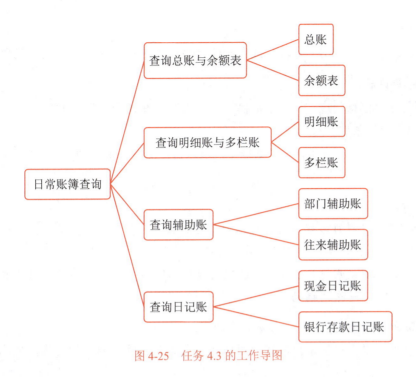

图 4-25　任务 4.3 的工作导图

活动4.3.1　查询总账与余额表

【任务】

在完成活动4.2.3操作的基础上，继续完成以下工作任务：

(1) 查询1001～1701三栏式总账。

(2) 查询1月份的余额表。

【指导】

1. 总账查询

利用总账查询功能不但可以输出各总账科目的年初余额、各月发生额合计和月末余额，还可输出明细科目的年初余额、各月发生额合计和月末余额。

在输出总账时，可将常用的查询条件保存在"我的账簿"下，使用时调用该查询条件或者将其进行必要的修改，从而实现快速查询。

2. 余额表查询

余额表查询功能用于查询统计各级科目的本期发生额、累计发生额和余额。传统的总账是以总账科目分页设账，而余额表则可输出某月或某几个月的所有总账科目或明细科目的期初余额、本期发生额、累计发生额和期末余额。

采用会计信息系统记账后，可以采用余额表代替总账。余额表汇总有两种方式，一种方式是按月汇总；另一种方式是按条件定义汇总。

【步骤】

以账套主管"001　赵海"或者会计"002　钱前"身份注册"信息门户"。

1. 查询总账

① 在"信息门户"界面中,执行"总账"|"账簿查询"|"总账"命令,打开"总账查询条件"对话框。

② 在"总账查询条件"对话框中,录入科目范围,如"1001"—"1701";默认科目的级次范围"1"—"1"。

☞ 做中学:

◆ 录入"科目编码"时,可以使用通配符"?"。例如,"????01"表示查一级为任何编码、二级为01的科目。

◆ 通配符使用时只能是某个级次的编码都用"?",不能在某个级次的编码一个用"?",一个用编码。

③ 单击"确认"按钮,显示查询结果。

④ 单击"科目"下拉按钮,可以指定查询具体哪一科目的总账,如图4-26所示。

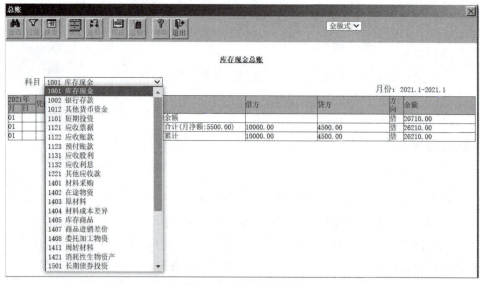

图4-26　总账查询结果

查询总账

⑤ 查询完毕后,单击"退出"按钮,返回"信息门户"界面。

2. 查询余额表

① 执行"总账"|"账簿查询"|"余额表"命令,打开"发生金额查询条件"对话框。

② 在"发生金额查询条件"对话框中,默认系统提供的查询条件。

③ 单击"确定"按钮,进入"发生金额及余额表"窗口,如图4-27所示。

科目编码	科目名称	期初余额		本期发生		期末余额	
		借方	贷方	借方	贷方	借方	贷方
1001	库存现金	20710.00		10000.00	4500.00	26210.00	
1002	银行存款	400888.59		150000.00	251130.64	299757.95	
1402	在途物资			225000.00	75000.00	150000.00	
1403	原材料			75000.00	75000.00		
1405	库存商品	100000.00		99000.00		199000.00	
1601	固定资产	200000.00		10000.00		210000.00	
1701	无形资产			200000.00		200000.00	
	资产小计	721598.59		769000.00	405630.64	1084967.95	
2001	短期借款		96000.00		50000.00		146000.00
2202	应付账款		67800.00	84750.00	254250.00		237300.00
2211	应付职工薪酬		6390.17	187800.00	41691.60	139718.23	
2221	应交税费	11063.00		30550.00	1027.76	40585.24	
	负债小计	11063.00	170190.17	303100.00	346969.36	180303.47	383300.00
3001	实收资本		700000.00		300000.00		1000000.00
3104	利润分配		12471.42				12471.42
	权益小计		712471.42		300000.00		1012471.42
4001	生产成本	150000.00		75000.00	99000.00	126000.00	
	成本小计	150000.00		75000.00	99000.00	126000.00	
5602	管理费用			4500.00		4500.00	
	损益小计			4500.00		4500.00	
	合计	882661.59	882661.59	1151600.00	1151600.00	1395771.42	1395771.42

图 4-27 "发生金额及余额表"窗口

查询余额表

④ 单击账页格式框的下拉按钮,可转换账页格式。
⑤ 查询完毕后,单击"退出"按钮,返回"信息门户"界面。

活动4.3.2 查询明细账与多栏账

【任务】

在完成活动4.2.3操作的基础上,继续完成以下工作任务。
(1) 查询1月份原材料明细账。
(2) 查询1月份管理费用多栏账。

【指导】

1. 明细账查询

明细账查询功能用于查询各账户的明细发生情况,可按查询条件定义输出明细账。在明细账中可以包含未记账凭证。在总账系统中,可以查询按科目范围和月份综合两种明细账。在这两种明细账基础上还可以再设定更为细致的查询条件,如"是否按对方科目展开""包含未记账凭证"和"按科目排序"。

(1) 按科目范围查询的明细账。即按科目编码、按发生日期排序的明细账。
(2) 月份综合明细账。即非末级科目的总账数据和末级科目明细数据的综合明细账,可使各级科目的数据关系一目了然。

要查询某个科目某月份的明细账,可以选取某些条件进行组合后,按组合条件进行查询。

2. 多栏账查询

在总账系统中，多栏账的栏目内容需要自行定义，可以对科目的分析方向、分析内容、输出内容进行定义，以满足财务管理的需要。多栏账栏目先通过自动编制方式来完成，然后再通过增加、删除方式做调整。

自动编制方式是指将根据所选核算科目的下级科目自动编制多栏账分析栏目，包括各栏目所对应分析科目编号和各栏目名称(根据所选核算科目的下级科目名称产生)。例如，核算科目为"5602　管理费用"，执行自动编制功能后，系统将自动把该科目的下级科目设为多栏账分析栏目。

【步骤】

以账套主管"001　赵海"或者会计"002　钱前"身份注册"信息门户"。

1. 查询明细账

① 在"信息门户"界面中，执行"总账"|"账簿查询"|"明细账"命令，打开"明细账查询条件"对话框。

② 在"明细账查询条件"对话框中，默认选中"按科目范围查询"，"科目"范围选择"1403"—"1403"；单击选中"是否按对方科目展开"复选框，如图4-28所示。

图 4-28　"明细账查询条件"对话框

做中学：

◇ 按对方科目展开，表示明细账要显示对方科目，与传统账簿的账页格式保持一致，可以使借贷方科目关系一目了然。

③ 单击"确认"按钮，进入"明细账内容"界面。

④ 单击"科目"下拉按钮，选择"1403　外壳"，再单击右上角的下拉按钮，选择"数量金额式"，显示"140301　外壳"明细账查询结果，如图4-29所示。

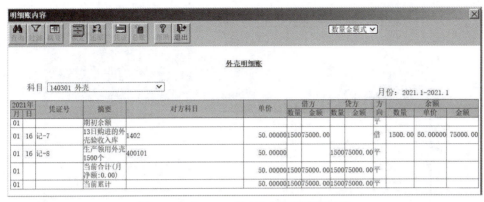

图 4-29 "140301 外壳"明细账查询结果

⑤ 查询完毕,单击"退出"按钮,返回"信息门户"界面。

查询明细账

2. 查询多栏账

① 在"信息门户"界面中,执行"总账"|"账簿查询"|"多栏账"命令,打开"多栏账"列表对话框。

② 在"多栏账"列表对话框中,单击"增加"按钮,打开"多栏账定义"对话框。

③ 在"多栏账定义"对话框中,"核算科目"选择"5602 管理费用",如图4-30所示。

图 4-30 "多栏账定义"对话框

④ 单击"自动编制"按钮,系统弹出"自动编制会覆盖原来的栏目设置,是否覆盖?"提示信息,单击"确定"按钮,如图4-31所示。

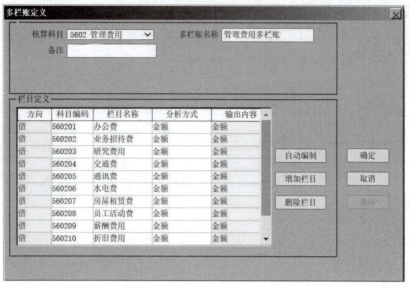

图 4-31 自动编制多栏账分析栏目

👉 做中学：

◇ 方向。即确定栏目所选科目的分析方向，是借方分析还是贷方分析。对于资产、成本、损益类科目，其多栏账系统自动赋值为"借"，而对于负债、权益类科目，其多栏账系统自动赋值为"贷"。

◇ 科目编码。即确定栏目所对应的分析科目。一般为多栏账核算科目的下级科目，各栏目中的科目不能重复定义。

◇ 栏目名称。即确定在多栏账表头中显示的栏目名称。一般为多栏账核算科目的下级科目名称。

◇ 分析方式。若选按金额分析，则系统只输出其分析方向上的发生额；若选按余额分析，则系统对其分析方向上的发生额按正数输出，其相反发生额按负数输出。例如，"5602 管理费用"科目为借方分析，若选择金额方式，则系统只输出其借方发生额；若选择余额方式，则系统将其借方发生额按正数输出，其贷方发生额按负数输出。

◇ 输出内容。系统默认输出"金额"。

⑤ 单击"确定"按钮，系统弹出"保存成功！"提示信息，单击"确定"按钮，再单击"取消"按钮，返回"多栏账"列表对话框。

⑥ 在"多栏账"列表对话框中，选择需查询的多栏账，单击"查询"按钮，或者双击需查询的多栏账，打开"多栏账查询"对话框，默认系统提供的查询条件。

⑦ 单击"确认"按钮，进入"多栏账查询"窗口，显示"5602 管理费用多栏账"查询结果，如图4-32所示。

图4-32 "5602管理费用多栏账"查询结果

☞ 做中学：
◇ 双击某条凭证记录，单击"凭证"按钮，可查询该条记录的记账凭证。

⑧ 查询完毕，单击"退出"按钮，返回"多栏账"列表对话框。再单击"退出"按钮，返回"信息门户"界面。

查询多栏账

活动4.3.3 查询辅助账

【任务】

在完成活动4.2.3操作的基础上，继续完成以下工作任务：
(1) 查询1月份的部门总账和部门明细账。
(2) 查询1月份的供应商明细账和供应商余额表。

【指导】

1. 部门辅助账

在实际工作中，有的企业实行了经费包干，有的企业实行了二级核算或三级核算等，这就要求财务部门能够及时提供各部门的收支情况，以便各部门随时掌握本部门的各项收支情况。

在手工会计核算理念下，企业一般是按部门设置明细账，而在智能财务理念下，企业可以采用会计信息系统提供的部门核算功能，在会计科目设置中，对部门核算的科目选择"部门核算"选项，企业按部门统计就得非常方便了。

在总账系统中，只要进行了正确的部门核算设置，系统就可自动生成部门核算数据。在日常会计处理时，只要遇到有部门核算要求的业务(参见[业务8])，系统就会要求录入相应的部门；记账时，自动生成部门核算数据(参见活动4.2.3的相关内容)。

(1) 部门总账。部门总账是指反映某部门核算科目下各个部门一定时期内经济业务发生的汇总情况。

(2) 部门明细账。部门明细账是指反映某部门核算科目下各个部门一定时期内经济业务发生的明细情况。

2. 往来辅助账

往来账款核算是指对因赊销、赊购商品或提供、接受劳务而发生的将要在一定时期内收回或支付款项的核算。

对往来科目的核算管理有两种方式：常规方式和往来方式。各往来科目只能选择其中一种方式进行管理。

(1) 常规方式。这种方式比较简单，与手工核算保持一致，其做法是：在建立会计科目体系时，将往来科目设置为一级科目开设总账账户，通过二级或三四级科目等明细科目开设各类明细账户。由于用这种方式核算不够灵活且往来单位的数量受到限制，比较适用于往来账款业务较少的单位，或者坚持手工核算理念的人员。

(2) 往来方式。这是为对部分往来科目进行深入核算与管理而单独设立的一种方式。在建立会计科目体系时，对业务量较大，特别是又容易形成坏账的往来科目，应采用这种方式，以便于进行往来账款对账、往来清理、账龄分析、往来余额统计、打印催款单等。

对往来业务的信息经上述录入、加工处理后，便可以进行单位往来账表的输出。进行往来账表输出有两种方式，即屏幕查询和打印输出。往来账表查询模块可实现对往来汇总表、明细账和客户等的查询，并生成各种信息统计表。

【步骤】

以账套主管"001　赵海"或者会计"002　钱前"身份在"信息门户"注册。

1. 查询部门总账

① 在"信息门户"界面中，执行"总账"|"辅助查询"|"部门总账"命令，打开"部门总账"对话框。

② 在"部门总账"对话框中，"科目"查询范围和"月份"查询时间采用系统默认设置；在"部门"框中，选择"办公室"。

☞ 做中学：

◇ 部门不能为空。

③ 单击"确认"按钮，显示"办公室"总账的查询结果，如图4-33所示。

④ 查询完毕后，单击"退出"按钮，返回"信息门户"界面。

查询部门总账

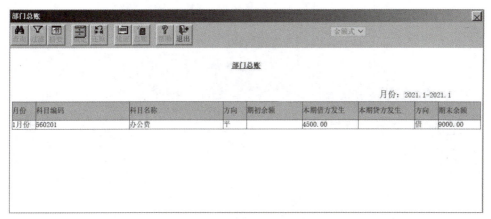

图 4-33　部门总账查询结果

2. 查询部门明细账

① 在"信息门户"界面中，执行"总账"|"辅助查询"|"部门明细账"命令，打开"部门明细账"对话框。

② 在"部门明细账"对话框中，"科目"查询范围和"月份"查询时间为默认系统设置；在"部门"框中，选择"办公室"。

③ 单击"确认"按钮，显示"办公室"明细账的查询结果，如图4-34所示。

图 4-34　部门明细账的查询结果

查询部门
明细账

④ 查询完毕后，单击"退出"按钮，返回"信息门户"界面。

3. 查询供应商明细账

① 在"信息门户"界面中，执行"总账"|"辅助查询"|"供应商明细账"命令，打开"供应商明细账"界面。

② 在"供应商明细账"界面中，默认系统提供的查询条件，单击"确认"按钮，显示供应商明细账的查询结果，如图4-35所示。

③ 查询完毕后，单击"退出"按钮，返回"信息门户"界面。

查询供应商
明细账

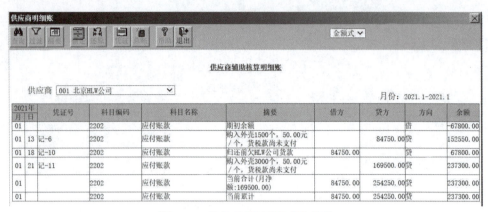

图 4-35 供应商明细账的查询结果

4. 查询供应商余额表

① 在"信息门户"界面中,执行"总账"|"辅助查询"|"供应商余额表"命令,打开"供应商余额表"界面。

② 在"供应商余额表"界面中,默认系统提供的查询条件,单击"确认"按钮,显示供应商明细账的查询结果,如图4-36所示。

图 4-36 供应商余额表的查询结果

查询供应商余额表

③ 查询完毕后,单击"退出"按钮,返回"信息门户"界面。

活动4.3.4 查询日记账

【任务】

在完成活动4.1.2操作的基础上,查询1月份的日记账。

【指导】

在会计信息系统中,日记账与普通科目明细账是有区别的:在日记账中要有日合计数,而在明细账中不要求有日合计数;日记账只能按日期和凭证号排序,而明细账可以按其他条件排序。

在出纳管理下,现金日记账和银行存款日记账是两个不同的子菜单,虽然它们输出的内容不同,但其功能相同。因此,在进行日记账查询时,首先要选择查询条件,然后输出相应的日记账,其主要格式包括金额式日记账和外币日记账

(即复币式日记账)。通过该功能可输出某一天的日记账,还可输出任意一个会计月份的日记账。

使用打印功能,可打印正式日记账。日记账每天都要登记,做到日清月结,同时还要定期将打印输出的活页账页装订成册。如果业务较多,还要每天打印输出;如果每天业务较少,也可按旬打印输出。

现金总账和银行存款总账查询不仅可以查询到总账科目(一级科目)的年初余额、各月发生额、累计发生额和月末余额,而且还可以查询到各级现金和银行存款科目的年初余额、各月发生额、累计发生额和月末余额。虽然出纳主要负责登记、查询日记账,而总账一般由会计主管负责登记、查询。在现代化企业管理下,出纳有必要了解现金和银行存款的总账信息,以便于对货币资金进行有效的控制和管理。

【步骤】

以账套主管"001　赵海"或出纳"003　刘琴"身份在"信息门户"注册。

1. 查询现金日记账

① 在"信息门户"界面中,执行"现金"|"现金管理"|"日记账"|"现金日记账"命令,打开现金日记账查询对话框。

② 在现金日记账查询对话框中,默认系统提供的查询条件。

③ 单击"确认"按钮,显示现金日记账的查询结果,如图4-37所示。

图4-37　现金日记账的查询结果

查询现金日记账

④ 查询完毕后,单击"退出"按钮,返回"信息门户"界面。

2. 查询银行存款日记账

① 在"信息门户"界面中,执行"现金"|"现金管理"|"日记账"|"银行日记账"命令,打开"银行日记账查询"对话框。

② 在"银行日记账查询"对话框中,默认系统提供的查询条件。

③ 单击"确认"按钮,显示银行存款日记账的查询结果,如图4-38所示。

图 4-38 银行存款日记账的查询结果

查询银行存款
日记账

④ 查询完毕后，单击"退出"按钮，返回"信息门户"界面。

【报告】

活动4.3.4
账套数据

本活动的账套数据可通过扫描左侧二维码下载。此数据既可以用作活动5.1.1的初始数据，也可以与当前操作结果进行核对。

项目5

月末处理

任务5.1 工资和固定资产系统月末业务处理

工作目标

正确设置职工薪酬费用分摊与计提转账分录；顺利生成职工薪酬费用和固定资产折旧费用凭证；在总账系统中正确审核工资和固定资产系统传递过来的凭证，并予以记账。

工作岗位

账套主管、会计。

工作导图

月末，企业要对各部门、各类人员的职工薪酬费用进行分配与计提核算，通过工资系统可以灵活设置各项费用的转账分录，并自动生成转账凭证。

在固定资产系统中，固定资产折旧处理包括计提本月折旧，整理折旧数据，形成折旧报表。固定资产系统在一个期间内可以多次计提折旧，每次计提折旧后，只是将计提的折旧累加到月初的累计折旧，不会重复累计。

生成的转账凭证传递到总账系统，并在该系统中进行审核、记账。因此，在这里，账套主管负责在工资系统中设置分摊与计提职工薪酬费用的转账分录，在总账系统中审核凭证并记账；会计负责生成职工薪酬费用和固定资产折旧费凭证。

任务5.1的工作导图见图5-1。

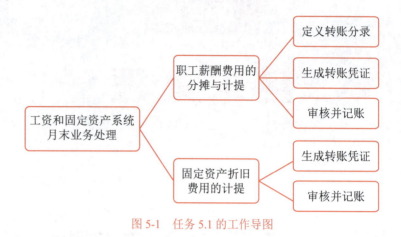

图 5-1 任务 5.1 的工作导图

活动5.1.1 设置职工薪酬费用转账分录

【任务】

在完成活动3.3.1操作的基础上,根据表5-1的资料设置职工薪酬费用转账分录。

表5-1 职工薪酬费用自动转账分录

项目	参数说明
计提费用类型	分摊工资总额费用以及由单位负担的社会保险费和住房公积金
	计提的职工福利费、工会经费、职工教育经费
核算部门	企划部、制造部、市场部
计提会计月份	2021.01
计提分配方式	分配到部门;明细到工资项目
计提比例	分配工资总额=应发合计×100%
	由单位负担的社会保险费=单位负担的社保费×100%
	由单位负担的住房公积金=单位负担的公积金×100%
	计提的职工福利费=应发合计×14%
	计提的工会经费=应发合计×2%
	计提的职工教育经费=应发合计×8%
自动转账分录	借:生产成本/基本生产成本/生产人员(400101) /辅助生产成本/维修部(400102) 制造费用/制造部管理人员(4101) 销售费用/销售部(560107) 管理费用/办公室、财务部、公关部、采购部 (560209) 贷:应付职工薪酬/职工工资(221101) /社会保险费(单位)(22110402) /住房公积金(单位)(22110502) /职工福利费(221103) /工会经费(221106) /职工教育经费(221107)

【指导】

1. 设置应付工资总额的计提基数

工资总额就是企业在一定时期内支付给职工的劳动报酬总额。企业在月内发生的全部工资,不论是否在当月领取,都应当按照工资的用途进行分配。由于不同的企业会选择不同的工资总额的计算方法进行分配,因此应事先设置工资总额和计提基数。

2. 设置社会保险费和住房公积金的计提基数

由企业负担的社会保险费和住房公积金,应计入当期成本、费用。现行政策规定,参保企业必须在每月9日至25日向税务部门缴纳当月正常应缴费款。

3. 设置并计提工资附加费

工资附加费是指企业按其工资总额的一定比例,从成本、费用中提取形成的职工福利费、工会经费和职工教育经费3种费用。现行政策规定,企业可以按职工工资总额的14%、2%和8%计提职工福利费、工会经费和职工教育经费。

【步骤】

以"分配工资总额"为例,介绍职工薪酬费用分配与计提的操作步骤。

① 以账套主管"001　赵海"身份注册"信息门户"。

② 在"信息门户"界面中,执行"工资"|"业务处理"|"工资分摊"命令,或者单击"工资分摊"图标,打开"工资分摊"对话框,如图5-2所示。

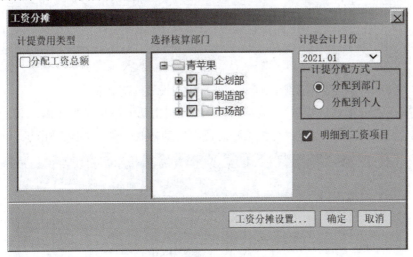

图 5-2 "工资分摊"对话框

③ 在"工资分摊"对话框中,单击"工资分摊设置..."按钮,打开"分摊类型设置"对话框,如图5-3所示。

④ 在"分摊类型设置"对话框中,单击"增加"按钮,打开"分摊构成设置"对话框。

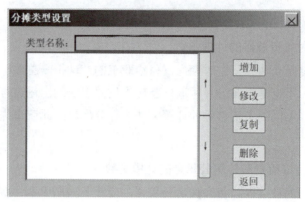

图 5-3 "分摊类型设置"对话框

⑤ 在"分摊构成设置"对话框中,在"计提类型名称:"框中录入为"分配工资总额",在"分摊计提比例:"框中录入"100%",如图5-4所示。

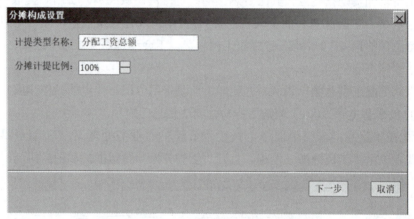

图 5-4 "分摊构成设置"对话框

⑥ 单击"下一步"按钮,打开"分摊构成设置"对话框。

⑦ 在"分摊构成设置"对话框中,逐一双击单元格使之处于编辑状态,根据案例给出的资料,设置"分配工资总额"自动转账分录,如图5-5所示。

部门名称	人员类别	项目	借方科目	贷方科目
办公室	公司经理	应发合计	560209	221101
办公室,财务部,公关部,采购部	部门经理	应发合计	560209	221101
办公室,财务部,公关部	管理人员	应发合计	560209	221101
采购部	采购人员	应发合计	560209	221101
生产部	公司经理	应发合计	4101	221101
生产部	部门经理	应发合计	4101	221101

图 5-5 设置"分配工资总额"转账分录

⑧ 单击"完成"按钮,返回"分摊类型设置"对话框。

⑨ 重复④~⑧操作步骤,继续完成其他职工薪酬费用分摊与计提的设置。结果如图5-6~图5-11所示。

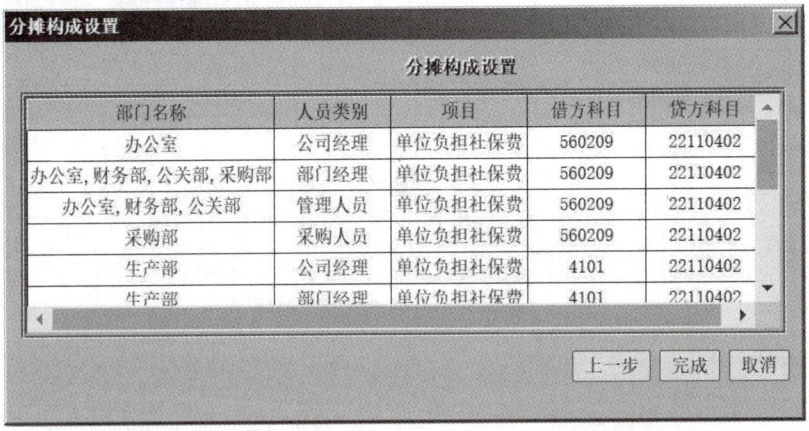

部门名称	人员类别	项目	借方科目	贷方科目
办公室	公司经理	单位负担社保费	560209	22110402
办公室,财务部,公关部,采购部	部门经理	单位负担社保费	560209	22110402
办公室,财务部,公关部	管理人员	单位负担社保费	560209	22110402
采购部	采购人员	单位负担社保费	560209	22110402
生产部	公司经理	单位负担社保费	4101	22110402
生产部	部门经理	单位负担社保费	4101	22110402

图5-6 设置"分摊由单位负担的社会保险费"转账分录

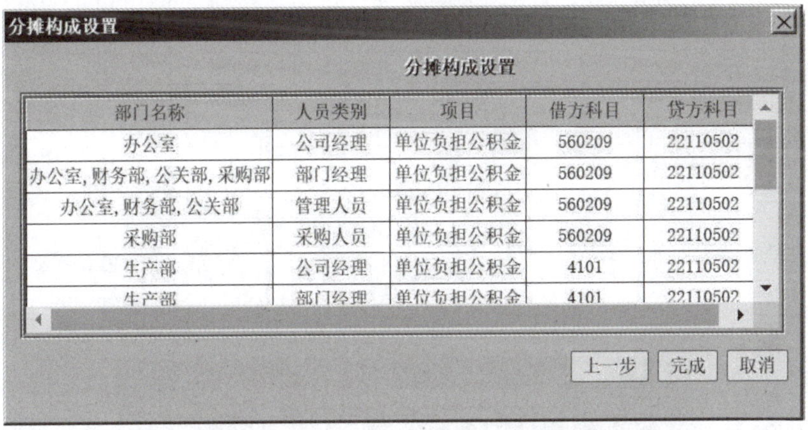

部门名称	人员类别	项目	借方科目	贷方科目
办公室	公司经理	单位负担公积金	560209	22110502
办公室,财务部,公关部,采购部	部门经理	单位负担公积金	560209	22110502
办公室,财务部,公关部	管理人员	单位负担公积金	560209	22110502
采购部	采购人员	单位负担公积金	560209	22110502
生产部	公司经理	单位负担公积金	4101	22110502
生产部	部门经理	单位负担公积金	4101	22110502

图5-7 设置"分摊由单位负担的住房公积金"转账分录

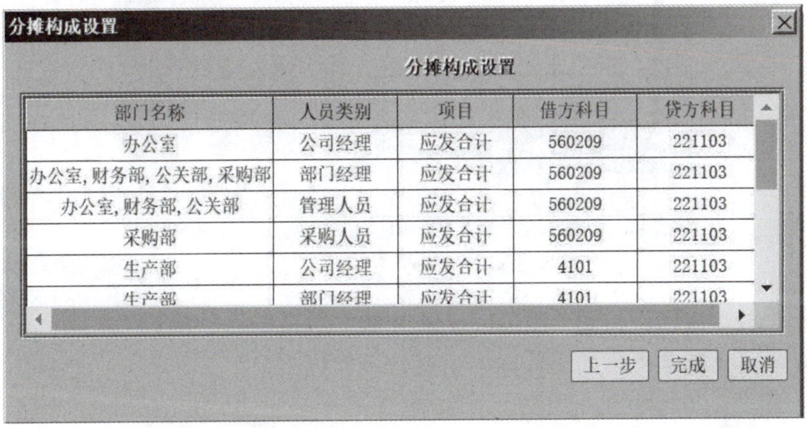

部门名称	人员类别	项目	借方科目	贷方科目
办公室	公司经理	应发合计	560209	221103
办公室,财务部,公关部,采购部	部门经理	应发合计	560209	221103
办公室,财务部,公关部	管理人员	应发合计	560209	221103
采购部	采购人员	应发合计	560209	221103
生产部	公司经理	应发合计	4101	221103
生产部	部门经理	应发合计	4101	221103

图5-8 设置"计提职工福利费"转账分录

图 5-9　设置"计提工会经费"转账分录

图 5-10　设置"计提职工教育经费"转账分录

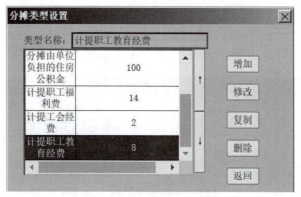

图 5-11　分摊类型的设置结果

⑩ 单击"返回"按钮,返回"工资分摊"对话框。

⑪ 单击"取消"按钮,返回"信息门户"界面。

分摊与计提职工
薪酬费用

活动5.1.2　生成职工薪酬费用和固定资产折旧费转账凭证

【任务】

在完成活动5.1.1操作的基础上，继续完成以下工作任务：

(1) 生成职工薪酬费用分摊与计提转账凭证。

(2) 生成计提固定资产折旧费转账凭证。

(3) 对以上转账凭证进行审核、记账。

【指导】

1. 工资系统的转账生成

如果工资系统与总账系统结合应用，完成职工薪酬费用转账分录的设置后，可以生成自动转账凭证。所谓"工资分摊"，是指对各部门人员的职工薪酬费用进行分配与计提。其一般操作步骤是：

(1) 先确定需分摊的部门，然后根据国家相关规定及企业的实际情况进行指定费用分配及计提后借贷方的入账科目。

(2) 如果设置了自定义的分摊、计提项目，则根据自身需要修改计提比例(系统默认初始计提比例为100%)。

(3) 完成以上工作后，即可生成工资分摊凭证。保存后，可在工资系统查询，也可在总账系统中调阅、审核和记账。

2. 固定资产系统的转账生成

固定资产系统的转账生成，是指将当月发生的固定资产变动业务生成记账凭证，以供总账系统作为记账依据。其包括如下操作步骤：

(1) 定义凭证。包括固定资产价值变更数据凭证和计提折旧分配凭证两大类。

(2) 生成凭证。主要是将当月增加的固定资产、当月减少的固定资产以及当月计提折旧分别生成凭证。固定资产系统生成凭证后，自动传递到总账系统。在总账系统中经出纳签字、审核凭证、科目汇总后，进行记账。

【步骤】

以会计"002　钱前"身份注册"信息门户"。

1. 生成职工薪酬费用凭证

① 在"信息门户"界面中，执行"工资"|"业务处理"|"工资分摊"命令，或者单击"工资分摊"图标，打开"工资分摊"对话框。

② 在"工资分摊"对话框中，单击选中"计提费用类型"框中所有项目的复选框，默认系统选择的核算部门、会计月份及计提分配方式，如图5-12所示。

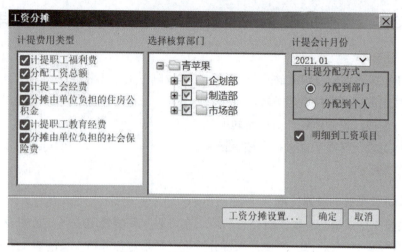

图 5-12　选择"计提费用类型"

③ 单击"确定"按钮,进入"工资分摊明细"界面。

④ 单击"类型"下拉按钮,选择"分配工资总额"选项,如图5-13所示。

部门名称	人员类别	工资项目	工资分摊				
			计提基数	计提比例	计提金额	借方科目	贷方科目
办公室	部门经理	应发合计	8900	100	8900	560209	221101
办公室	公司经理	应发合计	11400	100	11400	560209	221101
财务部	部门经理	应发合计	8900	100	8900	560209	221101
财务部	管理人员	应发合计	15600	100	15600	560209	221101
公关部	部门经理	应发合计	8900	100	8900	560209	221101
生产部	部门经理	应发合计	8900	100	8900	4101	221101
生产部	公司经理	应发合计	10900	100	10900	4101	221101
生产部	生产人员	应发合计	35600	100	35600	400101	221101
维修部	生产人员	应发合计	16300	100	16300	400102	221101
销售部	部门经理	应发合计	8200	100	8200	560107	221101
销售部	公司经理	应发合计	9900	100	9900	560107	221101
销售部	营销人员	应发合计	28700	100	28700	560107	221101
采购部	部门经理	应发合计	8700	100	8700	560209	221101
采购部	采购人员	应发合计	6900	100	6900	560209	221101

图 5-13　分配工资总额一览表

⑤ 在"工资分摊明细"窗口中,单击"制单"按钮,生成"分配工资总额"自动转账凭证,单击"保存"按钮,系统弹出"保存成功!"提示信息,单击"确定"按钮。

⑥ 凭证左上角显示红色的"已生成"字样,系统自动将该凭证传递到总账系统,如图5-14所示。

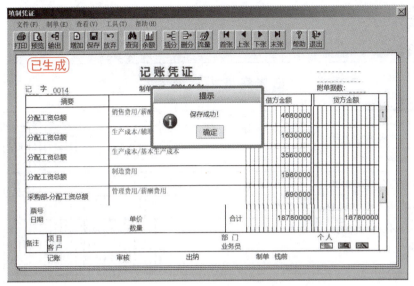

图5-14 生成"分配工资总额"凭证

做中学：

◇ 生成凭证日期必须大于等于当前总账系统会计期的最大凭证日期。

◇ 生成职工薪酬费用凭证后，需经审核会计审核签字，记账会计进行记账处理。

◇ 银行代发工资业务应在总账系统中处理。

⑦ 单击"退出"按钮，返回"工资分摊明细"界面。

⑧ 在"工资分摊明细"界面中，继续选择其他分摊类型，重复第④～第⑦操作步骤，将全部凭证生成完毕。结果如图5-15～图5-19所示。

图5-15 生成"分摊由单位负担的社会保险费"凭证

图 5-16 生成"分摊由单位负担的住房公积金"凭证

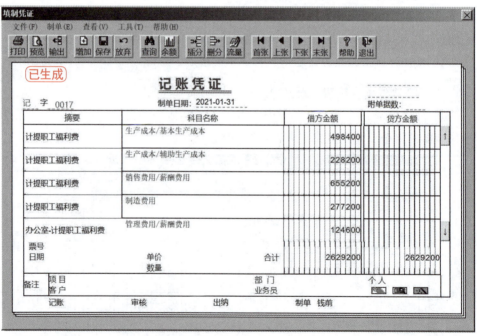

图 5-17 生成"计提职工福利费"凭证

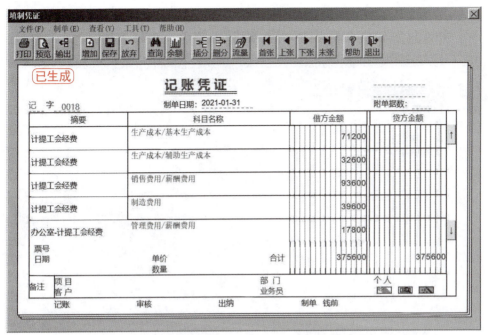

图 5-18　生成"计提工会经费"凭证

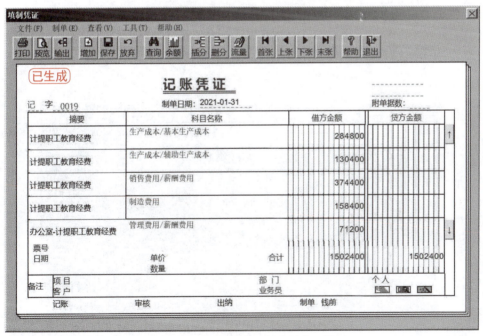

图 5-19　生成"计提职工教育经费"凭证

生成职工薪酬费用凭证

⑨单击"退出"按钮,返回"信息门户"界面。

2. 生成计提固定资产折旧费凭证

① 在"信息门户"界面中,执行"固定资产"|"处理"|"计提本月折旧"命令,或者单击"计提本月折旧"图标,系统弹出"是否查看折旧清单?"提示

信息。

②单击"确定"按钮,进入"折旧清单"界面,如图5-20所示。

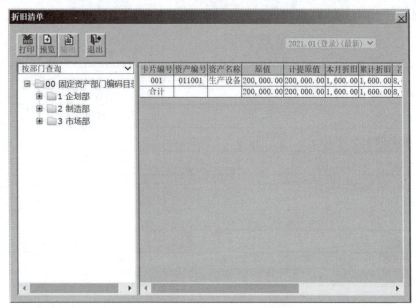

图 5-20 "折旧清单"界面

③单击"退出"按钮,进入"折旧分配表"界面,如图5-21所示。

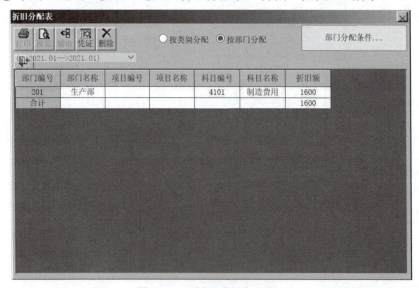

图 5-21 "折旧分配表"窗口

④ 在"折旧分配表"窗口中,单击"凭证"按钮,进入"填制凭证"界面。

⑤ 确认无误后,单击"保存"按钮,凭证左上角显示"已生成",如图5-22所示。

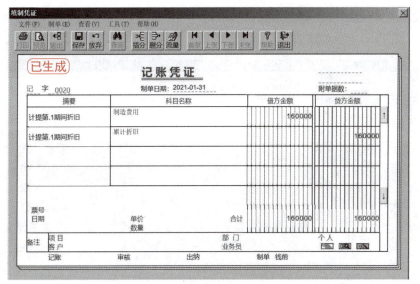

图 5-22　生成计提固定资产折旧费凭证

⑥ 单击"退出"按钮，返回"折旧分配表"界面。

⑦ 在"折旧分配表"界面中，单击右上角的"×"按钮，返回"信息门户"界面。

⑧ 系统弹出"计提折旧完成！"提示信息，单击"确定"按钮。

生成折旧费凭证

3. 审核与记账

① 以账套主管"001　赵海"身份注册"信息门户"。

② 在"信息门户"界面中，执行"总账"|"凭证"|"审核凭证"命令，或者单击"审核凭证"图标，打开"凭证审核查询"对话框。

③ 在"凭证审核查询"对话框中，默认系统提供的查询条件。

④ 单击"确认"按钮，显示需审核的自动转账凭证清单，如图5-23所示。

⑤ 单击"确定"按钮，检查无误后，单击"审核"按钮，系统弹出"审核成功！"提示信息，单击"确定"按钮，系统自动签上审核人的名字。

⑥ 单击"下张"按钮，继续对其他凭证进行审核签字。审核完毕后，单击"退出"按钮，返回"信息门户"界面。

⑦ 在"信息门户"界面中，执行"总账"|"凭证"|"记账"命令，或者单击"记账"图标，打开"记账"|"1.选择本次记账范围"对话框。

⑧ 单击"全选"按钮。单击"下一步"按钮，打开"记账"|"2.记账报告"对话框。

⑨ 浏览整个记账报告后，单击"下一步"按钮，打开"记账"|"3.记账"对话框。

图 5-23 需审核的自动转账凭证清单

⑩ 单击"记账"按钮，系统开始记账。完成记账进程后，系统弹出"记账完成"提示信息。单击"确定"按钮，记账完毕，返回"信息门户"界面。

任务5.2 总账系统月末业务处理

正确设置总账系统自动转账分录；正确生成总账系统自动转账凭证；正确完成银行对账工作。

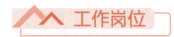

账套主管、会计、出纳。

在这里，账套主管负责总账系统自动转账分录的设置工作；会计负责自动转账凭证的生成工作；出纳负责银行对账，包括录入银行对账期初数据和当期银行对账单数据，以及输出银行存款余额调节表。

任务5.2的工作导图见图5-24。

项目5 月末处理

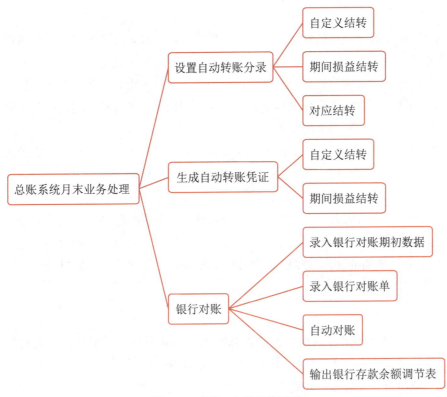

图 5-24　任务 5.2 的工作导图

活动5.2.1　设置自动转账分录

【任务】

在完成活动5.1.2操作的基础上，根据表5-2资料完成"[001] 青苹果"账套中对应结转、自定义结转和损益结转的转账分录的设置。

表5-2　自动转账分录清单

序号	转账说明	科目	方向	金额公式
001	计提短期借款利息	560301	借	取对方科目计算结果
		2231	贷	2001贷方余额×0.04%/12
002	摊销无形资产	560211	借	取对方科目计算结果
		1702	贷	1701借方余额/10/12
003	结转损益类账户余额	3103	默认	本年利润科目
004	将本年利润账户余额转入利润分配账户	3103	默认	本年利润余额
		310415	默认	取对方科目计算结果

157

【指导】

一般地,把凭证的摘要、会计科目、借贷方向以及金额的计算公式称为自动转账分录,而由自动转账分录所填制的记账凭证则称为机制凭证。

自动转账分录的设置可随时进行,一般在系统投入运行,数据初始设置完成后,即可进行。自动转账分录设置完成后可长期使用,只有在自动转账分录的内容发生变化时,才需要重新修改。

自动转账分录可分为两类:第一类为独立自动转账分录,表示其金额的大小与本月发生的任何经济业务无关;第二类为相关自动转账分录,表示其金额的大小与本月发生的业务有关。

常用的自动转账分录主要包括自定义结转、销售成本结转、汇兑损益结转、期间损益结转、对应结转等。在系统刚刚投入运行不久,首次使用总账系统,或者第1个会计期间的期末结账前,均可用"转账定义"功能对需要自动转账的分录进行设置。

1. 自定义转账

运用自定义转账可以极大地提高总账系统的使用效率,但是由于其规则复杂、函数多样、不便于理解和操作,因此,建议在总账系统运行初期,可以不使用或少使用自定义转账。随着系统应用的深入,逐步增加自动转账分录,直至大部分转账凭证都能用自动转账实现为止。

由于各个企业情况不同,其成本核算方法也不尽相同,特别是对各类成本费用分摊结转方式的差异,必然会造成这类业务在结转方式上的不同。因此,企业可以根据实际需要使用"自定义结转"功能。

2. 销售成本结转

销售成本结转是将月末商品(或产成品)销售数量(根据主营业务收入科目确定)乘以库存商品的平均单价,计算各种产品的销售成本,然后从库存商品账户的贷方转入主营业务成本账户的借方。

在进行销售成本结转时,库存商品、主营业务收入、主营业务成本的核算必须设置为数量金额核算,且这三个科目的下一级科目也必须一一对应,即这三个科目及其下级科目的结构必须相同。录入完成后,系统自动计算出所有商品的销售成本。其中:

数量=主营业务收入科目下某商品的贷方数量
单价=库存商品科目下某商品的月末金额÷月末数量
金额=数量×单价

3. 期间损益结转

期间损益结转主要用于期末将损益类科目的余额结转到本年利润科目中,

从而及时反映企业利润的盈亏情况。损益类科目结转主要是对于主营业务收入、主营业务成本、税金及附加、其他业务收入、其他业务成本、销售费用、管理费用、财务费用、投资收益、营业外收入、营业外支出、所得税费用等科目的结转。

4. 对应结转

遇到以下情形时，可采用对应结转：针对资产、成本或费用类科目，且只结转期末余额，结转时转出科目方向根据其在会计科目体系中的余额方向确定，即若余额方向为"借"，则从贷方转出，否则，从借方转出，转入科目方向与转出科目方向相反。

对应结转不仅可以进行两个科目一对一结转，还可以进行科目的一对多结转。对应结转的科目可以为上级科目，但其下级科目的科目结构必须一致，即具有相同的明细科目，如涉及辅助核算，则对转的两个科目的辅助核算要求也必须一一对应。

【步骤】

以账套主管"001　赵海"身份注册"信息门户"。

1. 设置自定义转账分录

① 在"信息门户"界面中，执行"总账"｜"期末"｜"转账定义"｜"自定义转账"命令，进入"自动转账设置"界面。

② 在"自动转账设置"界面中，单击"增加"按钮，打开"转账目录"对话框。

③ 在"转账目录"对话框中，依次录入"转账序号"为"001"；"转账说明"为"计提短期借款利息"；"凭证类别"为"记 记账凭证"，如图5-25所示。

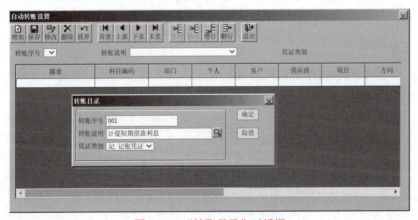

图5-25　"转账目录"对话框

④ 单击"确定"按钮，返回"自动转账设置"界面。

⑤ 在"自动转账设置"窗口中，在"科目编码"文本框中录入"560301"；在"方向"下拉列表框中选择"借"，如图5-26所示。

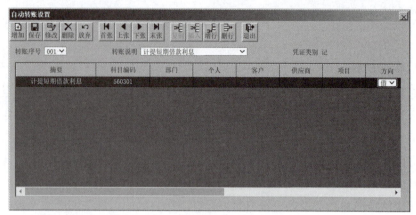

图 5-26 设置"计提短期借款利息"分录的借方科目

⑥ 拖动底部滚动条至"金额公式"栏。
⑦ 双击"金额公式"栏，直接录入公式"JG()"，如图5-27所示。

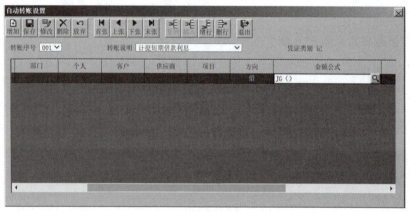

图 5-27 直接录入借方金额公式

做中学：

◇ 金额公式是指为系统得以实现智能化生成转账凭证，指定发生额的数据来源的取数公式。

◇ 录入金额公式有两种方法：一是直接选择计算公式；二是用引导方式录入公式。如果公式的表达式明确，可直接录入公式；反之，则可采用向导方式录入金额公式。

⑧ 单击"增行"按钮，依次录入科目编码、方向等内容。
⑨ 双击"金额公式"栏，单击右侧的参照按钮，打开"公式向导1"对话框。
⑩ 在"公式向导1"对话框中，拖动左边上下滚动条，选择"期末余额

QM()",如图5-28所示。

图5-28 设置贷方科目"期末余额QM()"参数

⑪ 单击"下一步"按钮,打开"公式向导2"对话框。

⑫ 在"科目"文本框中录入"2001 短期借款",依次选择期间为"月"、方向为"贷"。

⑬ 单击"按默认值取数"单选按钮,如图5-29所示。

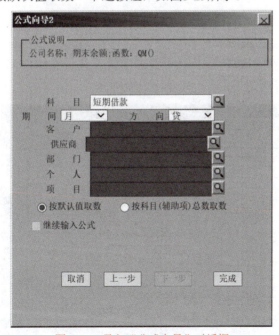

图5-29 录入"公式向导"对话框

⑭ 单击"完成"按钮,返回贷方科目"金额公式"编辑栏,得到公式"QM(2001,月,贷,,,,,,1)"。

⑮ 在"QM(2001,月,贷,,,,,,1)"后面直接录入"*0.04/12",如图5-30所示。

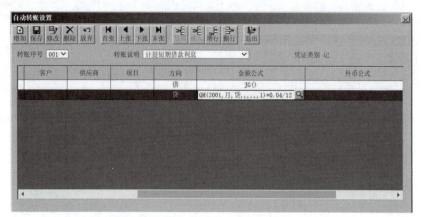

图 5-30 完成"计提短期借款利息"自动转账分录

设置自定义转账分录

⑯ 单击"保存"按钮。

⑰ 单击"增加"按钮,继续设置"摊销无形资产"自定义转账分录,完成后,单击"退出"按钮,返回"信息门户"界面。

2. 设置期间损益结转分录

① 在"信息门户"界面中,执行"总账"|"期末"|"转账定义"|"期间损益"命令,打开"期间损益结转设置"对话框。

② 在"期间损益结转设置"对话框中,默认"凭证类别"为"记 记账凭证"。

③ 单击"本年利润科目"文本框右侧的参照按钮,选择"3103 本年利润",如图5-31所示。

图 5-31 "期间损益结转设置"对话框

> 做中学：
> ◇ 每个损益类科目的期末余额将结转到与其同一行的本年利润科目中。
> ◇ 损益科目与本年利润科目都有辅助核算，则辅助账类必须相同。
> ◇ 本年利润科目必须为末级科目，且为本年利润入账科目的下级科目。

设置期间损益
结转分录

④ 单击"确定"按钮，系统弹出"保存成功！"提示信息，单击"确定"按钮，返回"信息门户"界面。

3. 设置对应结转分录

① 在"信息门户"界面中，执行"总账"｜"期末"｜"转账定义"｜"对应结转"命令，进入"对应转账设置"窗口。

② 在"对应转账设置"窗口中，录入"编号"为"001"。

③ 默认"凭证类别"为"记 记账凭证"。

④ 录入"摘要"为"结转本年利润"。

⑤ 单击"转出科目编码"文本录入框右侧的参照按钮，选择"3103 本年利润"。

⑥ 单击"增行"按钮或者双击"转入科目编码"单元格。

⑦ 单击"转入科目编码"文本录入框右侧的参照按钮，选择"310415 利润分配/未分配利润"。

⑧ 在"结转系数"文本录入框录入"1"，如图5-32所示。

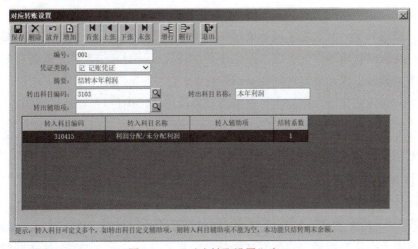

图 5-32   "对应转账设置"窗口

> 做中学：
> ◇ 一张凭证可定义多行，转出科目及辅助项必须一致，转入科目及辅助项可不相同。

设置对应结转分录

◆ 同一编号的凭证类别必须相同。

◆ 自动生成转账凭证时，如果同一凭证有多个转入科目，并且若同一凭证的结转系数之和为1，则最后一笔结转金额为转出科目余额减当前凭证已转出的余额。

⑨ 单击"保存"按钮，系统弹出"保存成功"提示信息，单击"确定"按钮，返回"信息门户"界面。

活动5.2.2 生成自动转账凭证

【任务】

在完成活动5.2.1操作的基础上，将"[001]青苹果"2021年1月份自动转账业务，按照合理的先后次序，逐一生成凭证。

【指导】

自动转账分录设置完毕后，每月月末只需执行转账生成功能，即可快速生成自动转账凭证。值得注意的是：生成的自动转账凭证需经审核、记账后，才算真正地完成了自动结转工作。

一般地，独立的自动转账分录可以在任何时候生成自动转账凭证。而对一组相关的自动转账分录，由于它们之间或者与本月的其他经济业务有一定的关联，因此必须在全部相关的经济业务入账后，按照合理的先后顺序逐一生成自动转账凭证。换言之，某些自动转账凭证在完成记账后，另一些自动转账凭证才能生成，否则，账务处理就会发生差错。

一般情况下，应首先生成和处理由其他子系统转入总账系统的凭证；然后再生成和处理销售成本结转凭证、汇兑损益结转凭证、对应结转凭证或者自定义结转凭证；最后生成和处理期间损益结转凭证。

同一张转账凭证，年度内可根据需要多次生成，但每月一般只需结转一次。

【步骤】

1. 生成自定义转账凭证

① 以制单会计(002　钱前)身份注册"信息门户"。在"信息门户"界面中，执行"总账"|"期末"|"转账生成"，打开"转账生成"对话框。

② 在"转账生成"对话框中，"结转月份"和"自定义转账"采用默认设置，单击"全选"按钮，自定义转账分录一览表变为绿色，"是否结转"栏出现"Y"，如图5-33所示。

项目5 月末处理

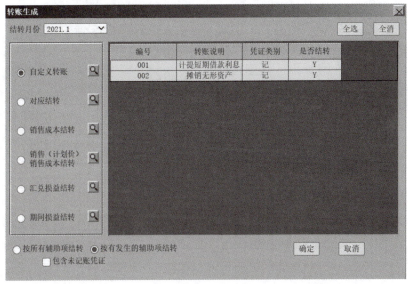

图5-33 "转账生成"|"自定义转账"对话框

做中学：

◇ 转账月份必须为当前会计月份。

◇ 转账生成前，检查相关经济业务的记账凭证是否已全部登记入账。

◇ 自动转账凭证每月只生成一次。

◇ 若使用应收、应付系统，则总账系统中，不能按客户、供应商进行结转。

◇ 按所有辅助项结转，表示转账科目的每一个辅助项都要生成一笔分录。

◇ 按有发生的辅助项结转，表示按转账科目下每一个有发生的辅助项生成一笔分录。

③ 单击"确定"按钮，生成自定义转账凭证。

④ 单击"保存"按钮，系统弹出"保存成功！"提示信息，单击"确定"按钮，当前凭证自动追加到未记账凭证中，如图5-34所示。

⑤ 单击"下张"按钮，继续生成"摊销无形资产"凭证。

⑥ 单击"退出"按钮，返回"信息门户"界面。

⑦ 以账套主管"001 赵海"身份进入"信息门户"，执行"总账"|"凭证"|"审核凭证"命令，对这两张凭证进行审核。再执行"总账"|"凭证"|"记账"命令，对这两张凭证进行记账。

生成自定义
转账凭证

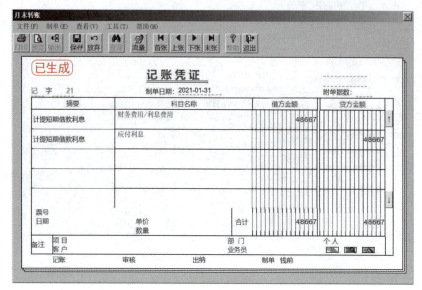

图 5-34 生成"计提短期借款利息"凭证

2. 生成期间损益结转凭证

① 以制单会计(002 钱前)身份注册"信息门户"。在"信息门户"界面中，执行"总账"|"期末"|"转账生成"命令，打开"转账生成"对话框。

② 在"转账生成"对话框中，单击"期间损益结转"单选按钮，默认"结转月份"为"2021.1"，如图5-35所示。

③ 单击"全选"按钮，期间损益转账分录一览表变为绿色，"是否结转"出现"Y"。

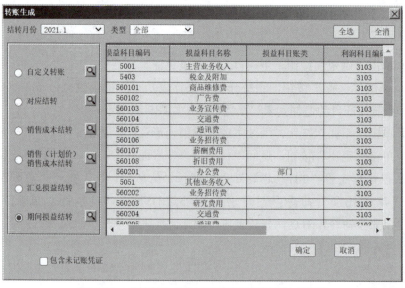

图 5-35 "转账生成"|"期间损益结转"对话框

做中学：

◇ 生成期间损益结转凭证有三种方法：在"是否结转"栏双击标注"Y"，表示该转账凭证即将执行结转；单击"全选"或"全消"按钮，表示选择或取消全部要结转的凭证；单击"类型"下拉按钮，可选择相应的结转类型，如"全部""收入"和"支出"。

◇ 如果坚持手工核算做法的，可以分别生成"收入"类和"支出"类凭证。

④ 单击"确定"按钮，生成期间损益结转凭证。

⑤ 单击"保存"按钮，系统弹出"保存成功！"提示信息，单击"确定"按钮，当前凭证自动追加到未记账凭证中，如图5-36所示。

⑥ 单击"退出"按钮，返回"信息门户"界面。

生成期间损益结转凭证

做中学：

◇ 期间损益结转凭证生成后，仍需经审核、记账。

◇ "将本年利润账户余额转入利润分配账户"的对应结转凭证，应在年末生成。

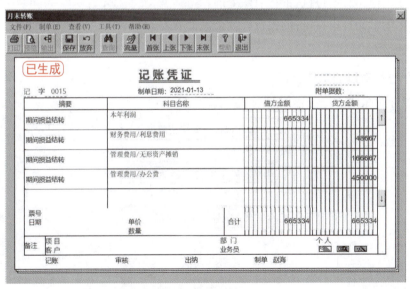

图 5-36 生成期间损益结转凭证

活动5.2.3 银行对账

【任务】

在完成活动5.2.2操作的基础上，继续完成以下工作任务：

(1) 根据以下给出的资料，录入"[001青苹果]"账套的银行对账期初余额：

> 银行对账的启用日期为2021/01/01，"1002银行存款"科目，企业银行存款日记账期初余额为400888.59元，银行对账单余额为400888.59元，期初无未达账项。

(2) 根据表5-3给出的资料录入"[001 青苹果]"账套人民币户的银行对账单。

表5-3 银行对账单

日期	结算方式	票号	借方金额	贷方金额
2021-01-03	2			11300.00
2021-01-05	2		100000.00	
2021-01-08	101	1090		10000.00
2021-01-08	9		50000.00	
2021-01-18	2			84750.00
2021-01-26	2			145080.64

(3) 进行2021年1月份银行对账处理。

(4) 输出2021年1月份的银行存款余额调节表。

【指导】

1. 银行对账的工作流程

银行对账的工作流程如图5-37所示。

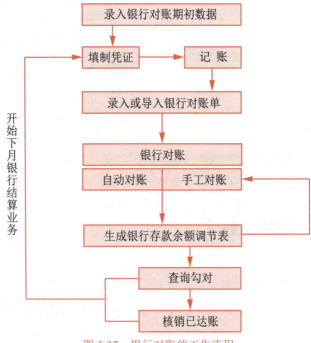

图5-37 银行对账的工作流程

2. **录入银行对账期初数据**

要实现银行对账的智能化，首先，要录入或导入银行对账单和企业银行存款日记账的期初数据。通常情况下，并不要求在创建账套时就启用银行对账功能，可待系统正常运行一段时间后再启用。参与银行对账的科目要设置为"银行账"辅助账类的科目。

启用"银行对账功能"时，如果银行存款科目下有多个明细科目，也可分期启用，但必须在某月份的月初启用。开始使用该功能后，不再需要录入银行对账期初数据了。

3. **录入银行对账单**

在凭证处理完毕后，系统自动生成银行存款日记账数据。银行对账单的功能是录入或导入银行对账单数据，它应在银行对账期初数据录入完毕后才能正常使用。

若企业在多家银行开户，银行对账单应与其对应账号所对应的银行存款下的末级科目一致。

4. **银行对账**

银行对账采用自动对账与手工对账相结合的方式。

(1) 自动对账是指系统根据对账依据自动进行的核对与勾对。在自动对账的过程中，借贷方向相同和金额相等是必要条件，其他条件可自行选择，包括日期相差多少天之内、结算方式相同、票号相同等。对于已核对上的银行业务，系统自动在银行存款日记账和银行对账单双方写上两清标志，并视为已达账项；对于在两清栏未写上两清符号的记录，则视其为未达账项。

(2) 手工对账是对自动对账的补充。自动对账完毕后，可能还有一些特殊的已达账没有勾对出来，而被视为未达账项。为了保证对账更加彻底正确，可通过手工对账来加以补充和更正。

下列四种情况中，只有第一种情况计算机能自动核销已对账的记录，后三种情况是不可能通过"自动对账"功能核销的，均需人工帮助挑选相应的业务，用强制的方式核销。

- 对账单文件中一条业务记录和银行日记账未达账项文件中的一条业务记录相同。
- 对账单文件中一条业务记录和银行日记账未达账项文件中的多条业务记录相同。
- 对账单文件中多条业务记录和银行日记账未达账项文件中的一条业务记录相同。

- 对账单文件中多条业务记录和银行日记账未达账项文件中的多条业务记录相同。

在对银行账进行两清勾对后，系统便自动整理汇总未达账和已达账，生成银行存款余额调节表。

若选择需查看某科目的调节表，则可查询打印该银行账户的银行存款余额调节表，从而检查对账的正确性。

5. 查询对账单或日记账勾对情况

通过银行存款余额调节表，了解了对账的结果。通过查询功能，还可了解经过对账后，对账单上勾对的明细情况(包括已达账项情况和未达账项情况)，从而进一步查询对账结果。

6. 核销已达银行账

核销已达银行账，用于删除核对正确并确认无误的已达账。一般来说，在银行对账正确后，如果想将已达账删除并只保留未达账，可使用本功能；如果银行对账不平衡，不要使用本功能，否则将造成以后对账错误。

本功能不影响银行日记账的查询和打印。

7. 长期未达账审计

长期未达账审计，用于查询至截止日期为止未达天数超过一定天数的银行未达账项，以便企业分析长期未达原因，避免资金损失。

【步骤】

以出纳"003 刘琴"身份注册"信息门户"。

1. 录入银行对账期初数据

① 在"信息门户"界面中，执行"现金"|"设置"|"银行期初录入"命令，打开"银行科目选择"对话框。

② 在"银行科目选择"对话框中，默认"科目"为"银行存款(1002)"，单击"确定"按钮，进入"银行对账期初"窗口。

③ 在"银行对账期初"窗口中，确定"启用日期"为"2021-01-01"。

④ 在单位日记账的"调整前余额"文本框中录入"400888.59"，在银行对账单的"调整前余额"文本框中录入"400888.59"，如图5-38所示。

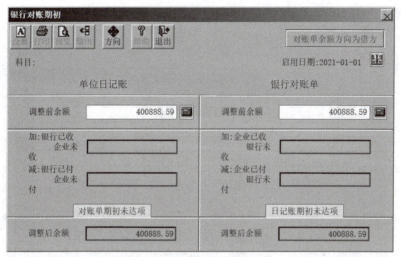

图 5-38 "银行对账期初"窗口

☞ **做中学：**

◇ 调整前余额。即启用日期时该银行科目的科目余额及银行存款余额。

◇ 期初未达项。即上次银行对账截止日期到启用日期前的未达账项。

◇ 调整后余额。即上次银行对账截止日期的该银行科目的科目余额及银行存款余额。

◇ 若录入正确，则单位日记账与银行对账单做调整后余额应平衡。

◇ 在银行对账期初未达账项录入完毕后，不能随意调整启用日期，尤其是向前调，这样可能会造成启用日期后的期初数不能参与银行对账。

⑤ 录入完毕后，单击"退出"按钮，返回"信息门户"界面。

录入银行对账期初数据

2. 录入银行对账单

① 在"信息门户"界面中，执行"现金"|"现金管理"|"银行账"|"银行对账单录入"命令，打开"银行科目选择"对话框。

② 在"银行科目选择"对话框中，默认系统预置，单击"确定"按钮，进入"银行对账单"窗口。

③ 在"银行对账单"窗口中，单击"增加"按钮，增加一条银行对账单信息。

④ 重复以上操作步骤，将银行对账单录入完毕后，单击"保存"按钮，如图5-39所示。

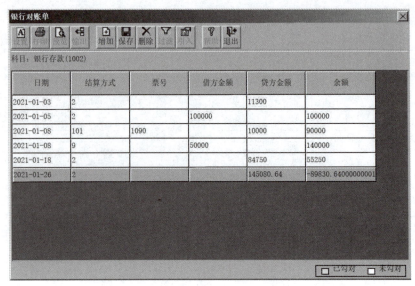

图 5-39 "银行对账单"窗口

录入银行
对账单

☞ **做中学:**

◇ 这里的对账单余额不是银行账户上的真实余额,可以忽略。

⑤ 系统弹出"保存成功!"提示信息,单击"确定"按钮。

⑥ 单击"退出"按钮,返回"信息门户"界面。

3. 银行对账

① 在"信息门户"界面中,执行"现金"|"现金管理"|"银行账"|"银行对账"命令,打开"银行科目选择"对话框。

② 在"银行科目选择"对话框中,默认系统预置,单击"确定"按钮,进入"银行对账"窗口。

③ 在"银行对账"窗口中,单击"对账"按钮,打开"自动对账"对话框。

④ 在"自动对账"对话框中,"截止日期"文本框中录入"2021.1.31"。单击取消"结算方式相同"和"结算票号相同"复选框,如图5-40所示。

☞ **做中学:**

◇ 由于自动对账是以银行存款日记账和银行对账单双方对账依据完全相同为条件的,因此为了保证自动对账的正确和彻底,必须保证对账数据的规范与合理,如银行存款日记账和银行对账单的票号编码规则必须统一等。

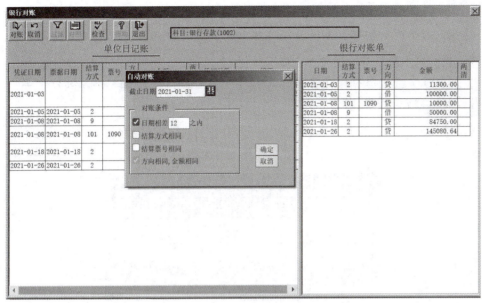

图 5-40 "自动对账"对话框

⑤ 单击"确定"按钮,系统进行自动对账,并显示自动对账结果,如图 5-41 所示。

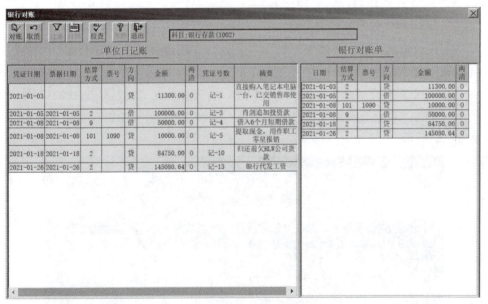

图 5-41 自动对账结果

做中学:

◇ 为了能够充分发挥"自动对账"的作用,可首先依据"票号+方向+金额"方式进行自动对账,然后再依据"方向+金额"方式进行自动对账。

◆ 对账条件中的方向、金额相同是必选条件。

◆ 对于已达账项,系统自动在银行存款日记账和银行对账单双方的"两清"栏打上圆圈标志。

◆ 对于一些应勾对而未勾对上的账项,可双击"两清"栏,进行手工调整,打上"Y"符号。

⑥ 对账完毕,单击"检查"按钮,打开"对账平衡检查"对话框,如图5-42所示。

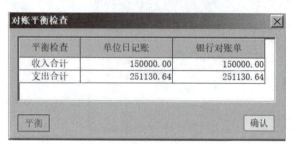

图 5-42 "对账平衡检查"对话框

银行对账

⑦ 单击"确认"按钮,返回"银行对账"窗口。

⑧ 单击"退出",返回"信息门户"界面。

4. 输出银行存款余额调节表

① 在"信息门户"界面中,执行"现金"|"现金管理"|"银行账"|"余额调节表"命令,进入"银行存款余额调节表"窗口。

② 在"银行存款余额调节表"窗口中,将光标放在"银行存款(1002)"科目行上,单击"查看"按钮或双击该行记录,进入"银行存款余额调节表"窗口,如图5-43所示。

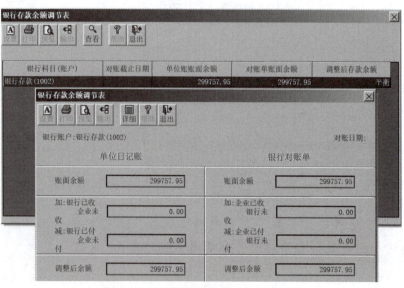

图 5-43 "银行存款余额调节表"窗口

做中学：
- 此银行存款余额调节表为截止到对账截止日期的调节表。
- 若无对账截止日期，则为最新余额调节表。

③ 单击"退出"按钮，返回。

【报告】

本活动的账套数据可通过扫描右侧二维码下载。此数据既可以用作活动5.3.2的初始数据，也可以与当前操作结果进行核对。

输出银行存款余额调节表

活动5.2.3 账套数据

任务5.3 月末结账

工作目标

顺利完成工资、固定资产和总账系统的月末结账工作。

工作岗位

账套主管。

工作导图

每月业务处理完毕后会计数据均需进行月末结账，表明本期核算完结，下一期核算开始。在这里，月末结账由账套主管完成。

任务5.3的工作导图见图5-44。

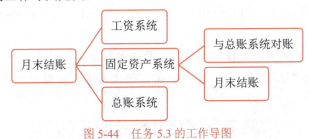

图5-44 任务5.3的工作导图

活动5.3.1 工资和固定资产系统月末结账

【任务】

在完成活动5.1.2操作的基础上，继续完成以下工作任务：

(1) 完成2021年1月份工资系统结账工作。

(2) 完成2021年1月份固定资产系统结账工作。

【指导】

1. 工资系统月末结账

结账时，应进行清零处理，这是由于在工资项目中，有的项目是变动的，即每月的数据均不相同，在每月工资处理时，均需将其数据清为零，而后录入当月的数据，此类项目即为清零项目，如"其他补发"等项目。

结账后，本月工资明细表为不可修改状态，同时自动生成下月工资明细账，新增或删除人员将不会对本月数据产生影响。

【做中学】：

◇ 在工资系统中，12月份不用进行月末结账。待建立下一年度账后，以下一会计年度登录系统管理，在"年度账"菜单下做结转上年数据即可。

2. 固定资产系统月末结账

(1) 与总账系统进行对账。为了保证固定资产系统的固定资产数值和总账系统的"固定资产"科目金额相等，总账系统将固定资产业务凭证审核、记账后，固定资产系统才可以进行对账。

(2) 月末结账。当传递到总账系统中的凭证审核、记账完毕，固定资产系统与总账系统对账平衡后，才能开始月末结账。

【步骤】

以账套主管"001　赵海"身份注册"信息门户"。

1. 工资系统月末结账

① 在"信息门户"界面中，执行"工资"|"业务处理"|"月末处理"命令，或者单击"月末处理"图标，打开"月末处理"对话框。

② 在"月末处理"对话框中，单击"确认"按钮，打开"选择清零项目"对话框。

③ 在"请选择清零项目"框中，选择"其他补发"，单击">"按钮，再选择"其他扣款"，单击">"按钮。最后单击选中"保存本次选择结果"复选框，如图5-45所示。

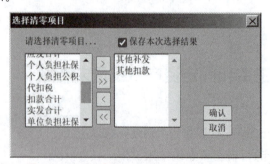

图5-45　工资系统"选择清零项目"对话框

④ 单击"确认"按钮，系统弹出"工资类别[001]月末处理成功！"提示信息，单击"确定"按钮，完成工资系统的月末结账，返回"信息门户"界面。

2. 固定资产月末结账

① 在"信息门户"界面中，执行"固定资产"|"处理"|"对账"命令，系统弹出对账结果信息，如图5-46所示。

图 5-46　固定资产系统与总账系统对账信息

② 单击"确定"按钮，返回"信息门户"界面。

③ 在"信息门户"界面中，执行"固定资产"|"处理"|"月末结账"命令，或者单击"月末结账"图标，打开"月末结账"对话框，如图5-47所示。

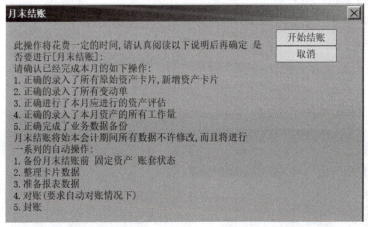

图 5-47　固定资产系统"月末结账"对话框

④ 在"月末结账"对话框中，单击"开始结账"按钮，系统弹出"与账务对账结果"提示信息。

⑤ 单击"确定"按钮，系统弹出"月末结账成功完成！"提示信息。

⑥ 单击"确定"按钮，系统弹出"本账套最新可修改日期已经更改为2021-02-01，而您现在的登录日期为2021-01-31，您不能对此账套的任何数据进行修改！"提示信息。

⑦ 单击"确定"按钮，完成固定资产系统月末结账工作，返回"信息门户"界面。

活动5.3.2 总账系统月末结账

【任务】

在完成活动5.3.1操作的基础上,继续完成总账系统月末结账工作。

【指导】

总账系统的结账主要完成如下工作:停止本月各账户的记账工作;计算本月各账户发生额合计;计算本月各账户期末余额并将余额结转下月月初。

结账过程包括以下步骤:

(1) 选择结账月份。

(2) 核对账簿。

○ 检查本月凭证是否全部入账,有未记账的凭证不能结账。

○ 检查上月是否已结账,上月未结账,则本月不能结账。

○ 检查对账是否正确,如果账账不符,则不能结账。

(3) 备份结账前的数据,同时输出月度工作报告。如果第一次使用系统是在年中,还必须先对以前各月份的空账进行结账处理,才能进行本月结账处理。

(4) 完成结账,若符合结账要求,系统将进行结账,否则不予结账。

○ 月结账。做月结标志。

○ 年结账。做结账标志,产生下年度的数据库文件结构、结转年度余额。

【步骤】

① 以账套主管"001 赵海"身份注册"信息门户"。在"信息门户"界面中,执行"总账"|"期末"|"结账"命令,进入"月末结账"|"1.开始结账"对话框,如图5-48所示。

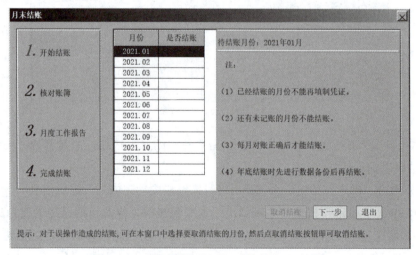

图5-48 "月末结账"|"1.开始结账"对话框

② 单击"下一步"按钮,进入"月末结账"|"2.核对账簿"对话框。

③ 在"月末结账"|"2.核对账簿"对话框中,单击"对账"按钮,系统对要结账的月份进行账账核对。

④ 系统弹出"对账完毕"提示信息,如图5-49所示。

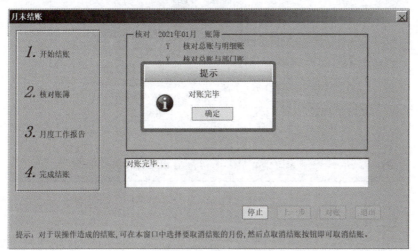

图 5-49 "月末结账"|"2.核对账簿"对话框

⑤ 单击"确定"按钮,返回。

⑥ 单击"下一步"按钮,进入"月末结账"|"3.月度工作报告"对话框,如图5-50所示。

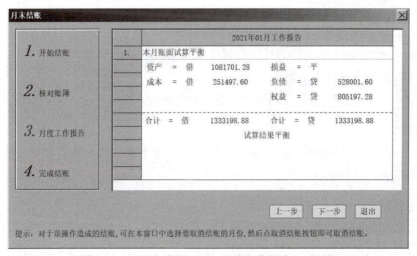

图 5-50 "月末结账"|"3.月度工作报告"对话框

⑦ 查看工作报告后,单击"下一步"按钮,进入"月末结账"|"4.完成结账"对话框,如图5-51所示。

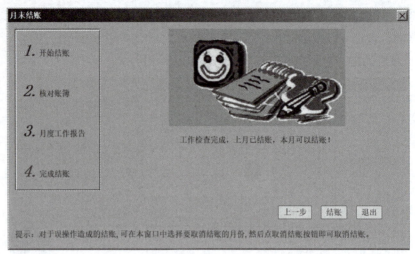

图 5-51 "月末结账"|"4.完成结账"对话框

☞ 做中学：

◇ 结账前，要进行数据备份。
◇ 结账是一种成批数据处理，每月只能结账一次。
◇ 已结账月份不能再填制凭证。
◇ 结账只能由有结账权的人进行。
◇ 结账必须按月连续进行。

⑧ 在"月末结账"|"4.完成结账"对话框中，单击"结账"按钮。
⑨ 系统弹出"你选择的月份数据结账成功！"提示信息，单击"确定"按钮，完成总账系统月末结账工作。
⑩ 单击"退出"按钮，返回"信息门户"界面。

总账系统
月末结账

☞ 做中学：

◇ 如果提示"未通过检查不能结账"时，可单击"上一步"按钮，查看月度工作报告，仔细查找原因。

【报告】

本活动的账套数据可通过扫描左侧二维码下载。此数据既可以用作项目6的初始数据，也可以与当前操作结果进行核对。

活动5.3.2
账套数据

项目6 编制财务报表

任务6.1 认识报表系统

工作目标

了解报表系统的种类;熟悉报表系统的主要功能;熟悉报表系统的基本术语。

工作岗位

账套主管、会计。

工作内容

在会计核算中,企业通过总账系统和其他子系统的一系列业务处理工作,把各项经济业务分类登记在会计账簿中,以反映企业的财务状况和经营成果。在账簿中记录会计信息,虽然比会计凭证反映的信息更加条理、系统,但就某一会计期间的经济活动的整体情况而言,其所能提供的仍然是分散的、部分的会计信息,因而不能集中揭示和反映该会计期间经营活动和财务收支的全貌。

账套主管和会计共同熟悉报表系统相关功能及常用术语。

任务6.1的工作导图见图6-1。

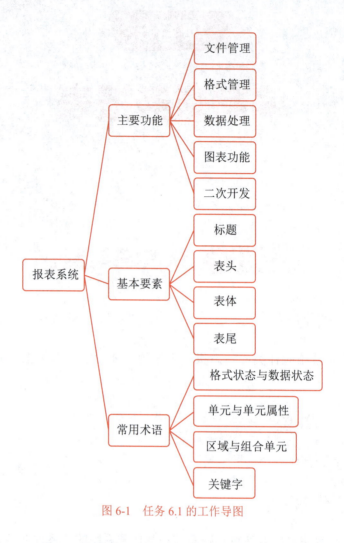

图 6-1　任务 6.1 的工作导图

活动6.1.1　走进报表系统

【任务】

注册报表系统。

【指导】

财务报表系统的主要任务是：设计报表的格式和编制取数公式，从总账系统或其他子系统中取得有关会计数据，自动编制财务报表，并对报表进行审核、汇总，生成各种分析图表，同时按预定格式输出各种财务报表。

1. 表处理系统的类别

目前的表处理系统主要有3类：专用报表系统、通用报表系统和准通用报表系统。

(1) 专用报表系统是把财务报表的种类、格式和编制方法固定在程序中。它操作简单，但是使用者对程序设计者的依赖性强，报表稍有变化，程序就要随之修改，因此，不能适应财务报表随时间和地点的转移，不利于报表系统的推广应用。

(2) 通用报表系统能够提供一种通俗易懂的方法，使用者可根据自己的情况设置财务报表的种类、格式和编制方法，系统根据使用者的设置从现有的会计数据库中提取数据，自动生成财务报表的全部内容，如Excel等电子表软件。

(3) 除了专用和通用的报表系统以外，各家财务软件公司均开发了财务报表系统，可用于不同单位不同的时间，属于准通用的报表系统。

2. 财务报表系统的主要功能

财务报表系统的主要功能有文件管理、格式管理、数据处理、图表功能、打印功能和二次开发功能，并提供各行业报表模板(包括现金流量表)。

(1) 文件管理。文件管理功能可以对报表文件的创建、读取、保存和备份进行管理；能够进行不同文件格式的转换，如文本文件、*.mdb 文件、*.dbf文件、Excel文件、Lotus文件等；支持多个窗口同时显示和处理，可同时打开的文件和图形窗口多达40个；提供了标准财务数据的"导入"和"导出"功能，可以与其他财务软件交换数据。

(2) 格式管理。格式管理功能为使用者提供了丰富的格式设计功能，如定义组合单元、画表格线(包括斜线)、调整行高列宽、设置字体和颜色、设置显示比例等，满足各种报表编制要求的需要。

(3) 数据处理。数据处理功能以固定的格式管理大量不同的表页，能将多达99 999张具有相同格式的报表资料在一个报表文件中进行统一管理，并且在每张表页之间建立有机的联系，同时还提供了排序、审核、舍位平衡、汇总功能。利用数据处理中的绝对单元公式和相对单元公式，可以方便、迅速地定义计算公式；利用种类丰富的函数，可以准确地从总账等子系统中提取数据，生成财务报表。

(4) 图表功能。图表功能主要是指将数据表以图形的形式表示。它采用"图文混排"方式组织图形数据，能够制作包括直方图、立体图、圆饼图、折线图等十多种图式的分析图表，同时还可以编辑图表的位置、大小、标题、字体、颜色等，打印输出图表。

(5) 二次开发。二次开发功能为使用者提供批命令和自定义菜单功能。自动记录命令窗口中录入的多个命令，可将有规律性的操作过程编制成批命令文件。提供了Windows风格的自定义菜单，综合利用批命令，可以在短时间内开发出本企业的专用系统。

【步骤】

① 以账套主管"001　赵海"或会计"002　钱前"身份注册"信息门户"。

② 在"信息门户"界面中，单击"财务报表"菜单，打开"新建报表"对

进入报表系统

话框。

③ 在"新建报表"对话框中,单击"常用模板"区域的"空报表"图标,如图6-2所示。

④ 单击"确定"按钮,进入"新报表"窗口,如图6-3所示。

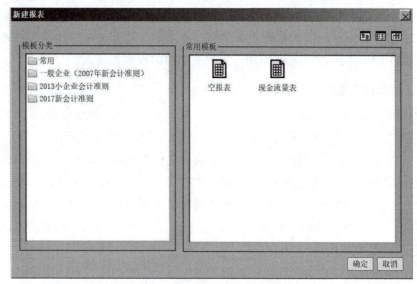

图 6-2 "新建报表"对话框

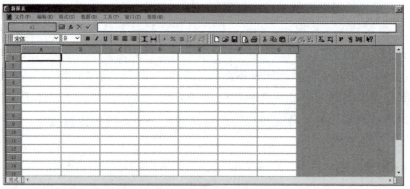

图 6-3 "新报表"窗口

活动6.1.2 熟悉报表系统的基本要素和常用术语

【任务】

浏览报表窗口。

【指导】

1. 报表的基本要素

按照报表结构的复杂性,可将报表分为简单表和复合表两类。其中,简单表是规则的二维表,由若干行和列组成,如资产负债表、利润表、现金流量表等财务报表；复合表是简单表的某种组合。

简单表一般由标题、表头、表体和表尾4个基本要素组成。

(1) 标题。标题是指用来描述报表的名称。报表的标题可能不止一行，有时会有副标题、修饰线等内容。

(2) 表头。表头是指用来描述编制报表的单位名称、编制日期等的辅助信息和报表栏目。特别是报表的表头栏目名称，它是表头的最主要内容，决定报表的纵向结构、报表的列数以及每一列的宽度。有的报表表头栏目比较简单，只有一层，而有的报表表头栏目却比较复杂，需分若干层次。

(3) 表体。这是报表的核心，决定报表的横向组成。它是报表数据的表现区域，是报表的主体。表体在纵向上由若干行组成，称为表行；在横向上，每个表行又由若干个栏目构成，称为表列。

(4) 表尾。表尾是指表体以下进行辅助说明的部分及编制人、审核人等内容。

不同的报表上述4个基本要素是不同的。

2. 格式状态与数据状态

财务报表系统将含有数据的报表分为两大部分来处理，即报表格式设计工作与报表数据处理工作。报表格式设计工作和报表数据处理工作是在不同的状态下进行的。

(1) 格式状态。在格式状态下对报表的格式进行设计，如表尺寸、行高、列宽、单元属性、报表公式等。

① 在格式状态下，只能看到报表的格式，而报表的数据全都被隐藏了。

② 在格式状态下，所有操作对本报表的所有表页都起作用。

③ 在格式状态下，不能进行数据的录入、计算等操作。

(2) 数据状态。在数据状态下，对报表的数据进行管理，如录入数据、增加或删除表页、审核、舍位平衡、制作图形、汇总、合并报表等。

① 在数据状态下，不能修改报表的格式。

② 在数据状态下，能够看到报表的全部内容，包括格式和数据。

3. 单元与单元属性

表中由表行和表列确定的方格称为单元，专门用于填制各种数据。

(1) 单元。单元是组成报表的最小单位，每个单元都可用一个名字来标识，称为单元名。单元名用所在行和列的坐标表示，行号用数字1～9999表示，列标用字母A～IU表示，如C2表示报表中第2行第C列对应的单元。

(2) 单元属性。单元属性包括单元类型、对齐方式、字体颜色、表格边框等。

(3) 单元类型。单元一般有数值、字符和表样3种类型。

① 数值单元。数值是报表的数据，在数据状态下录入。数值单元必须是数

字，可直接录入，也可由单元中存放的公式运算生成。建立一个新表时，所有单元的单元类型均默认为数值型。

② 字符单元。字符也是报表的数据，在数据状态下录入。字符单元的内容可以是汉字、字母、数字，以及各种用键盘可录入的符号组成的一串字符。字符单元的内容可以直接录入，也可以由单元公式生成。

③ 表样单元。表样是指报表的格式，即在格式状态下录入的所有文字、符号或数字。表样单元对所有表页都有效。表样单元必须在格式状态下录入和修改，在数据状态下只能显示而无法修改。

4. 区域与组合单元

(1) 区域。在一张表页上，由一组单元组成，即自起点单元至终点单元形成一个完整的矩形块，称为区域。在报表系统中，区域是二维的，最大的区域是一个二维表的所有单元(整个表页)，最小的区域是一个单元。在描述一个区域时，开始单元(左上角单元)与结束单元(右下角单元)之间用冒号":"连接，如C3:F6。

(2) 组合单元。组合单元由相邻的两个或更多的单元组成。这些单元必须是同一种单元类型(数值、字符和表样)，在处理报表时将视为一个单元。组合单元的名称可以用区域的名称或区域中的单元的名称来表示。如把B2到B3定义为一个组合单元，则这个组合单元可以用"B2""B3"或"B2:B3"表示。

5. 关键字

关键字是游离于单元之外的特殊数据单元，一个表页的唯一标志，其作用是能在大量表页中快速地找到表页。

关键字的显示位置在格式状态下设置，关键字的值则在数据状态下录入。每个报表可以定义多个关键字，有以下6种关键字可供选择：

① 单位名称：字符型(最大28个字符)，为该报表表页编制单位的名称。
② 单位编号：字符型(最大10个字符)，为该报表表页编制单位的编号。
③ 年：数字型(1980～2099)，该报表表页反映的年度。
④ 季：数字型(1～4)，该报表表页反映的季度。
⑤ 月：数字型(1～12)，该报表表页反映的月份。
⑥ 日：数字型(1～31)，该报表表页反映的日期。

除此之外，还可以自定义关键字，用于业务函数中。

【步骤】

① 在"新报表"窗口中，逐一打开菜单栏的子菜单。
② 在格式状态下，对报表的格式进行练习，如设置表尺寸、行高、列宽、单元属性、关键字等。
③ 在数据状态下，完成录入数据，增加或删除表页等练习。

熟悉报表系统

任务6.2 应用报表模板

工作目标

正确调用报表模板；完成报表模板预置工作；完成资产负债表和利润表生成工作。

工作岗位

会计。

工作内容

在财务报表系统中，一般都提供了常用财务报表格式及公式，称为报表模板。在每个模板中都详细设计了该报表的格式与公式以及修饰。

调用系统已有的报表模板时，如果该报表模板与实际需要的报表格式或公式不完全一致，可以在此基础上稍作修改，即可快速地得到所需要的报表格式和公式。

在这里，会计主要负责调用系统预置的报表模板，以及生成企业财务报表的工作。

任务6.2的工作导图见图6-4。

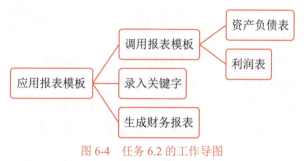

图6-4 任务6.2的工作导图

活动6.2.1 生成资产负债表

【任务】

在完成活动5.3.2操作的基础上，完成以下工作任务：

(1) 调用资产负债表模板。

(2) 利用资产负债表模板和[001 青苹果]账套的信息，检查报表模板的计算公式。

(3) 录入关键字。

(4) 生成资产负债表。

【指导】

1. 调用资产负债表模板

调用资产负债表模板以后,首先要在格式状态下检查该模板的格式或公式是否适合本企业的实际需要,如果不一致,应作适当的修改。

依据《小企业会计准则》要求,资产负债表的主要编制方法如下:

(1) "货币资金"项目,反映企业库存现金、银行存款和其他货币资金的合计数。本项目应根据"库存现金""银行存款"和"其他货币资金"科目的期末余额合计填列。

(2) "应收账款"项目,反映企业因销售商品、提供劳务等日常生产经营活动应收取的款项。本项目应根据"应收账款"的期末余额分析填列。如"应收账款"科目期末为贷方余额,应当在"预收账款"项目列示。

(3) "存货"项目,反映企业期末在库、在途和在加工中的各项存货的成本,包括各种原材料、在产品、半成品、产成品、商品、周转材料(包装物、低值易耗品等)等。本项目应根据"在途物资""原材料""生产成本""库存商品""委托加工物资""周转材料"等科目的期末余额分析填列。

(4) "固定资产原价"和"累计折旧"项目,反映企业固定资产的原价(成本)及累计折旧。这两个项目应根据"固定资产"科目和"累计折旧"科目的期末余额填列。

(5) "固定资产账面价值"项目,反映企业固定资产原价扣除累计折旧后的余额。本项目应根据"固定资产"科目的期末余额减去"累计折旧"科目的期末余额后的金额填列。

(6) "无形资产"项目,反映企业无形资产的账面价值。本项目应根据"无形资产"科目的期末余额减去"累计摊销"科目的期末余额后的金额填列。

(7) "短期借款"项目,反映企业向银行或其他金融机构等借入的期限在1年内的、尚未偿还的各种借款本金。本项目应根据"短期借款"科目的期末余额填列。

(8) "应付账款"项目,反映企业因购买材料、商品或接受劳务等日常生产经营活动尚未支付的款项。本项目应根据"应付账款"科目的期末余额填列。如"应付账款"科目期末为借方余额,应当在"预付账款"项目列示。

(9) "应交税费"项目,反映企业期末未交、多交或尚未抵扣的各种税费。本项目应根据"应交税费"科目的期末贷方余额填列。如"应交税费"科目期末为借方余额,以"一"号填列。

(10) "应付利润"项目,反映企业尚未向投资者支付的利润。本项目应根据

"应付利润"科目的期末余额填列。

(11)"实收资本(或股本)"项目,反映企业收到投资者按照合同协议约定或相关规定投入的、构成企业注册资本的部分。本项目应根据"实收资本(或股本)"科目的期末余额分析填列。

(12)"盈余公积"项目,反映公司制企业的法定公积金和任意公积金,以及外商投资企业的储备基金和企业发展基金。本项目应根据"盈余公积"科目的期末余额填列。

(13)"未分配利润"项目,反映企业尚未分配的历年结存的利润。本项目应根据"利润分配"科目的期末余额填列。未弥补的亏损,在本项目内以"一"号填列。

2. 录入关键字

关键字是表页定位的特定标志,在格式状态下设置完成关键字后,只有在数据状态下对其实际赋值才能真正成为表页的鉴别标志,为表页间、表间的取数提供依据。

3. 生成报表

生成报表,又称编制报表,即利用已经设置好的报表结构文件,运用其中的运算公式从相应的数据源中采集数据,填入相应的单元中,从而得到报表数据。

【步骤】

① 以会计"002 钱前"身份注册"信息门户"。

② 在"信息门户"界面中,单击"财务报表"菜单,打开"新建报表"对话框。

③ 在"新建报表"对话框中,在"模板分类"区域中选择"2013小企业会计准则",在"2013小企业会计准则"区域中双击"资产负债表"图标,进入"资产负债表"窗口,如图6-5所示。

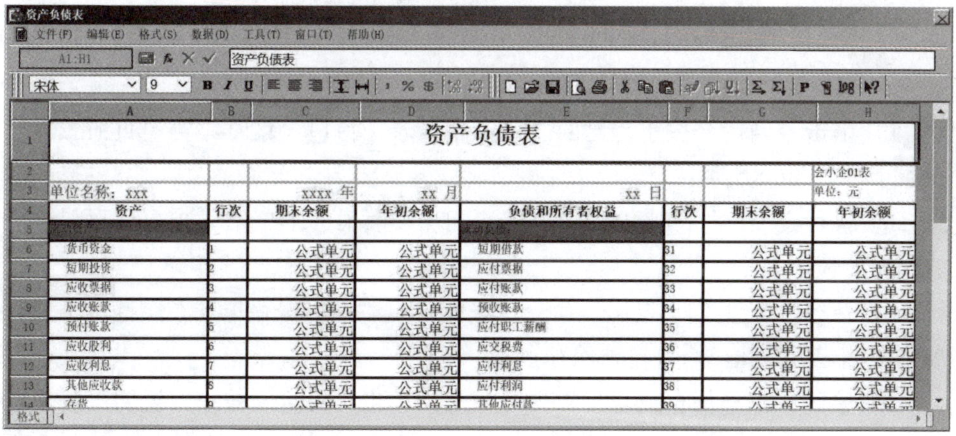

图 6-5　格式状态下的资产负债表模板

④ 在格式状态下，依据《小企业会计准则》要求，检查系统预置的报表计算公式，以及关键字格式。

⑤ 单击左下角的"格式"，切换为数据状态，系统弹出"是否需要重算全表？"提示信息。

⑥ 单击"确定"按钮，生成无表头的资产负债表，如图6-6所示。

图6-6　生成无表头的资产负债表

⑦ 执行"数据"|"关键字"|"录入"命令，打开"录入关键字"对话框。

⑧ 在"录入关键字"对话框中，在"单位名称："框中录入"北京青苹果科技有限公司"，在"年月日"框中录入"2021年1月31日"，如图6-7所示。

图6-7　"录入关键字"对话框

⑨ 单击"确定"按钮，返回"资产负债表"窗口。这时，资产负债表就有表头了，如图6-8所示。

⑩ 执行"文件"|"另保存"命令，打开"保存报表"对话框，保存已生成的资产负债表。

⑪ 执行"文件"|"退出"命令，系统弹出"是否保存报表？"提示信息，单击"确定"按钮，系统自动保存报表。

⑫ 系统弹出"保存成功！"提示信息，单击"确定"按钮，返回"信息门户"界面。

生成资产负债表

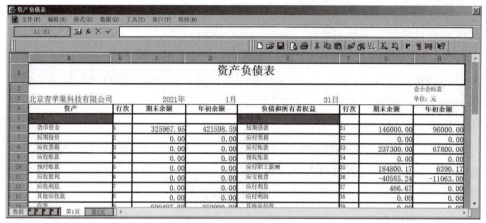

图 6-8　生成完整的资产负债表

活动6.2.2　生成利润表

【任务】

在完成活动5.3.2操作的基础上，完成以下工作任务：

(1) 调用利润表模板。

(2) 利用利润表模板和[001青苹果]账套的信息，检查报表模板的计算公式。

(3) 录入关键字。

(4) 生成利润表。

【指导】

依据《小企业会计准则》要求，利润表的主要编制方法如下：

(1) "营业收入"项目，反映企业销售商品和提供劳务所实现的收入总额。本项目应根据"主营业务收入"科目和"其他业务收入"科目的发生额合计填列。

(2) "营业成本"项目，反映企业所销售商品的成本和所提供劳务的成本。本项目应根据"主营业务成本"科目和"其他业务成本"科目的发生额合计填列。

(3) "税金及附加"项目，反映企业开展日常生产活动应负担的消费税、城市维护建设税、资源税、土地增值税、城镇土地使用税、房产税、车船税、印花税、教育费附加、环境保护税等。本项目应根据"税金及附加"科目的发生额填列。

(4) "销售费用"项目，反映企业销售商品或提供劳务过程中发生的费用。本项目应根据"销售费用"科目的发生额填列。

(5) "管理费用"项目，反映企业为组织和管理生产经营发生的其他费用。本项目应根据"管理费用"科目的发生额填列。

(6)"财务费用"项目,反映企业为筹集生产经营所需资金发生的筹资费用。本项目应根据"财务费用"科目的发生额填列。

(7)"投资收益"项目,反映企业股权投资取得的现金股利(或利润)、债券投资取得的利息收入,以及处置股权投资和债券投资取得的处置价款扣除成本或账面余额、相关税费后的净额。本项目应根据"投资收益"科目的发生额填列;如为投资损失,以"—"号填列。

(8)"营业利润"项目,反映企业当期开展日常生产经营活动实现的利润。本项目应根据营业收入扣除营业成本、税金及附加、销售费用、管理费用和财务费用,加上投资收益后的金额填列。如为亏损,以"—"号填列。

(9)"营业外收入"项目,反映企业实现的各项营业外收入金额,包括非流动资产处置净收益、政府补助、捐赠收益、盘盈收益、汇兑收益、出租包装物和商品的租金收入、逾期未退包装物押金收益、确实无法偿付的应付款项、已作坏账损失处理后又收回的应收款项、违约金收益等。本项目应根据"营业外收入"科目的发生额填列。

(10)"营业外支出"项目,反映企业发生的各项营业外支出金额,包括:存货的盘亏、毁损、报废损失,非流动资产处置净损失,坏账损失,无法收回的长期债券投资损失,无法收回的长期股权投资损失,自然灾害等不可抗力因素造成的损失,税收滞纳金,罚金,罚款,被没收财物的损失,捐赠支出,赞助支出等。本项目应根据"营业外支出"科目的发生额填列。

(11)"利润总额"项目,反映企业当期实现的利润总额。本项目应根据营业利润加上营业外收入减去营业外支出后的金额填列。如为亏损总额,以"—"号填列。

(12)"所得税费用"项目,反映企业根据企业所得税法确定的应从当期利润总额中扣除的所得税费用。本项目应根据"所得税费用"科目的发生额填列。

(13)"净利润"项目,反映企业当期实现的净利润。本项目应根据利润总额扣除所得税费用后的金额填列。如为净亏损,以"—"号填列。

【步骤】

① 以会计"002 钱前"身份注册"信息门户"。

② 在"信息门户"界面中,单击"财务报表"菜单,打开"新建报表"对话框。

③ 在"新建报表"对话框中,在"模板分类"区域中选择"2013小企业会计准则",在"2013小企业会计准则"区域中双击"利润表"图标,进入"利润表"窗口,如图6-9所示。

图 6-9 格式状态下的利润表模板

④ 在格式状态下，依据《小企业会计准则》要求，检查系统预置的报表格式及其计算公式，以及关键字格式等。例如，双击A7单元格，将"营业税金及附加"改为"税金及附加"；双击A9单元格，将"营业税"清除；双击A14单元格，将"矿产资源补偿费、排污费"改为"环境保护税"。

⑤ 单击左下角的"格式"，切换为数据状态，系统弹出"是否需要重算全表？"提示信息。

⑥ 单击"确定"按钮，生成无表头的利润表。

⑦ 执行"数据"|"关键字"|"录入"命令，打开"录入关键字"对话框。

⑧ 在"录入关键字"对话框中，录入"单位名称"为"北京青苹果科技有限公司"；"年月"为"2021年1月"。

⑨ 单击"确定"按钮，返回"利润表"窗口，如图6-10所示。

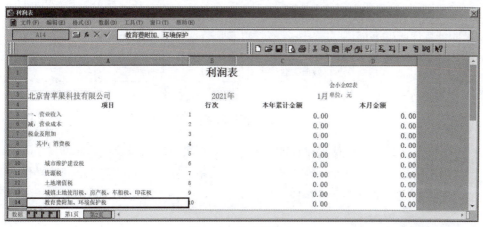

图 6-10 生成利润表

☞ **做中学：**

◇ 由于[001]青苹果公司1月份没有发生收入业务，拖动右边上下滚动条，即可看到费用发生及利润形成情况。

⑩ 执行"文件"|"另保存"命令，打开"保存报表"对话框，保存已生成的利润表。

⑪ 执行"文件"|"退出"命令，退出财务报表系统。

生成利润表

任务6.3 编制自定义报表

工作目标

正确设计自定义报表格式；正确设置自定义报表计算公式；完成自定义报表生成工作。

工作岗位

会计。

工作内容

自定义报表的基本操作过程可以分为报表的格式和公式设置、报表的数据处理和报表的打印输出3个步骤，并分初始设置和日常处理两个阶段完成，见图6-11。

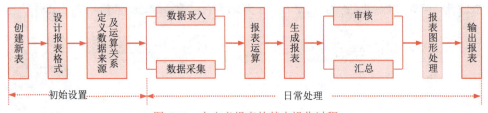

图6-11 自定义报表的基本操作过程

在这里，会计应根据企业管理需要，正确编制自定义报表，完成创建新表、设计报表格式、定义报表的数据来源及运算关系，以及生成自定义报表等操作。

任务6.3的工作导图见图6-12。

项目6 编制财务报表

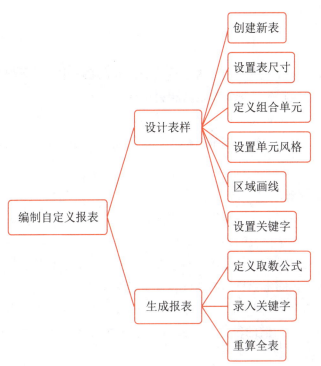

图 6-12 任务 6.3 的工作导图

活动6.3.1 设计自定义报表表样

【任务】

在完成活动5.3.2操作的基础上，完成以下工作任务：

(1) 创建新表，并保存为"存货统计表"。

(2) 自定义"存货统计表"的格式，见表6-1。

表6-1 存货统计表

	A	B	C	D
1	存货统计表			
2	编制单位：	年	月	日
3	项目	行次	期初余额	期末余额
4	在途物资	1		
5	原材料	2		
6	库存商品	3		
7	在产品	4		
8	合计	5		
9				制表人：

195

【指导】

1. 创建新表

创建新表，又称新表登记或者报表注册，即在系统中登记需要处理的报表。登记的内容一般包括报表标识符及其相关属性。

一般地，报表标识符可以是一个文件名，也可以是一个编号或编码，而且其标识符是系统区别不同报表的唯一标识。在创建新表时，还可以指定与该表有关的属性，如表线种类等。

2. 设计报表格式

新表创建完毕后，应进行报表的格式设计。报表格式设计是编制报表的基本步骤，它决定了整张报表的外观和结构。

财务报表格式设置的主要内容有设置报表大小、画表格线、标题、表日期、表头、表尾和表体固定栏目的内容、设置单元格属性等。

(1) 设置表尺寸，即设置报表的行数和列数。设置前应事先根据所要定义的报表大小计算该表所需的行、列(行数不仅要考虑表体，还应考虑标题、表头和表尾所占的行数)。

(2) 区域画线。报表是没有任何表格线的，为了满足查询和打印的需要，还可以在适当的位置上画表格线。

(3) 定义组合单元，即把几个单元作为一个单位使用。组合单元实际上就是一个大的单元，所有针对单元的操作对组合单元均有效。

(4) 录入项目内容，指报表的固定文字内容，主要包括表头、表体项目、表尾项目等。

(5) 定义单元属性。新建的报表，所有单元的单元类型均默认为数值型；格式状态下录入的内容均默认为表样单元。字符单元和数值单元录入后只对本表页有效，表样单元录入以后对所有的表页有效。

(6) 设置单元风格。设置单元类型及数据格式、对齐方式、字型、字体、字号及颜色、边框样式等内容。其中最重要的是单元类型的设置。例如，将报表的标题"存货统计表"单元风格定义为黑普体，字号16，对齐方式为居中；将"A3:D3""A4:B8"设为"居中"等。

(7) 定义关键字。关键字主要有6种，即单位名称、单位编号、年、季、月、日，另外还包括一个自定义关键字。可以根据实际需要任意设置相应的关键字。

【步骤】

1. 创建新表

① 以会计"002 钱前"身份注册"信息门户"。

② 在"信息门户"界面中，单击"财务报表"菜单，打开"新建报表"对话框。

③ 在"新建报表"对话框中，双击"常用模板"区域中的"空报表"图标，系统自动生成一张空白表。

④ 执行"文件"｜"保存"命令，打开"保存报表"对话框。

⑤ 在"保存报表"对话框中，在"文件名(N)"文本框中录入"存货统计表"。

创建新表

⑥ 单击"保存"按钮，即可保存此表。

☞ 做中学：

◇ 在"新报表"窗口中，执行"文件"｜"打开"命令，选择需打开的报表，即可查看或编辑该表。

2. 设置表尺寸

① 打开"存货统计表"，单击左下角的"数据"，切换到格式状态。

② 在格式状态下，执行"格式"｜"表尺寸"命令，打开"表尺寸"对话框。

设置表尺寸

③ 在"表尺寸"对话框中，在"行数"文本框中录入"9"，在"列数"文本框中录入"4"。

④ 单击"确定"按钮，即可得到相应的表格，如图6-13所示。

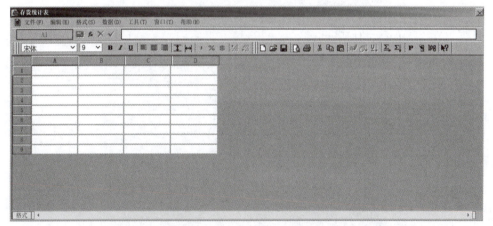

图6-13 "存货统计表"空白表

3. 定义组合单元

① 从A1拖动鼠标指针到D1，单击鼠标右键，在快捷菜单中选择"组合单元"，"A1:D1"区域就组合成了一个单元。同样地，把"A9:D9"组合成一个单元。

② 双击单元格，使之处于编辑状态，或者将光标放在单元格上，在编辑栏的文本框中，按照给出的资料，录入相关的文字内容，如图6-14所示。

定义组合单元

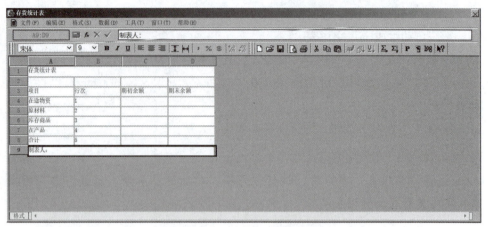

图6-14　录入"存货统计表"项目内容

做中学：

◇ 一般不需要录入编制单位、日期，而是将其设置为关键字。

4. 设置单元风格

① 选中标题所在组合单元"A1:D1"。

② 执行"格式"|"单元属性"命令，打开"单元格属性"对话框。

③ 在"字体图案"选项卡中，选择字体为"黑体"，字型为"普通"，字号为"16"，如图6-15所示。

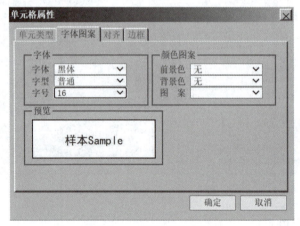

图6-15　设置字体图案

④ 单击"确定"按钮，再选中"A1:D1"组合单元，单击工具栏的"居中"图标，标题就居中显示了。

⑤ 同样地，逐一选中A3、A4、A5、A6、A7、A8、B3、B4、B5、B6、B7、B8、C3、D3单元格，单击工具栏的"居中"图标，表体文字也居中了。选中"A9:D9"组合单元，单击工具栏的"居右"图标，文字就靠右显示了。

设置单元风格

5. 区域画线

① 从A3开始拖动鼠标至D8,选中报表需要画线的区域"A3:D8"。

② 执行"格式"|"区域画线"命令,选定区域则画上了表格线。

6. 设置关键字

① 选中需要录入关键字的单元格"A2"。

② 执行"数据"|"关键字"|"设置"命令,打开"设置关键字"对话框,如图6-16所示。

图 6-16 "设置关键字"对话框

③ 在"设置关键字"对话框中,单击"单位名称"单选按钮。

④ 单击"确定"按钮,返回。

⑤ 重复③④操作步骤,分别选中B2、C2、D2单元格,将"年""月"和"日"设置为关键字,如图6-17所示。

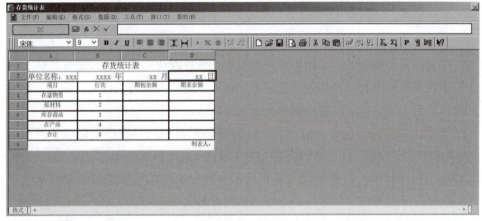

图 6-17 完成关键字的设置

做中学:

◇ 一个关键字在该单元格中只能设置一次,即相同单元格中不能有重复的关键字。

◇ 关键字在格式状态下设置,关键字的值在数据状态下录入。

活动6.3.2 生成自定义报表

【任务】

在完成活动6.3.1操作的基础上,继续完成以下工作任务:

(1) 定义"存货统计表"的计算公式,见表6-2。

表6-2 存货统计表的计算公式一览表

	A	B	C	D
1	存货统计表			
2	编制单位:	年	月	日
3	项目	行次	期初余额	期末余额
4	在途物资	1	=QC("1402","月","借",,"年",,,,"否")	=QM("1402","月","借",,"年",,,,"否")
5	原材料	2	=QC("1403","月","借",,"年",,,,"否")	=QM("1403","月","借",,"年",,,,"否")
6	库存商品	3	=QC("1405","月","借",,"年",,,,"否")	=QM("1405","月","借",,"年",,,,"否")
7	在产品	4	=QC("4001","月","借",,"年",,,,"否")	=QM("4001","月","借",,"年",,,,"否")
8	合计	5	C4+C5+C6+C7	D4+D5+D6+D7
9				制表人:

(2) 制表人签名。

(3) 生成存货统计表。

【指导】

报表取数公式是指报表或报表数据单元的计算规则。

定义报表计算公式,是指为报表数据单元进行赋值。其作用就是从账簿、凭证、本表或其他报表以及其他子系统等处调用、运算所需要的数据,并填入相应的报表单元中。它既可以将数据单元赋值为数值,也可以赋值为字符。

单元计算公式一般由目标单元、运算符、函数和运算符序列组成。例如,C8=期初余额("1402",月)+期初余额("1403",月) +期初余额("1405",月) +期初余额("4001",月)。其中,目标单元是指用行号、列号表示的用于放置运算结果的单元;运算符序列是指采集数据并进行运算处理的次序。

账务取数公式是报表系统中使用最为频繁的一类公式。此类公式中的函数表达式最为复杂,公式中往往要使用多种取数函数,每个函数中还要说明诸如科目编码、会计期间、发生额或余额、方向、账套号等参数。其基本格式如下:

函数名("科目编码",会计期间,["方向"],[账套号],[会计年度],[编码1],[编码2])

做中学:

◇ 科目编码可以是科目名称,且必须用双引号括起来。

◇ 会计期间可以是"年""季""月"等变量，也可以是具体数字表示的年、季、月。
◇ 方向即"借"或"贷"，可以省略。
◇ 账套号为数字，缺省时默认为第一套账。
◇ 会计年度即数据取数的年度，可以省略。
◇ <编码1>与<编码2>与科目编码的核算账类有关，可以取科目的辅助账，如职员编码、项目编码等，如无辅助核算则省略。

主要账务取数函数见表6-3。

表6-3 主要账务取数函数表

函数名	金额式	数量式	外币式
期初额函数	QC()	SQC()	WQC()
期末额函数	QM()	SQM()	WQM()
发生额函数	FS()	SFS()	WFS()
累计发生额函数	LFS()	SLFS()	WLFS()
条件发生额函数	TFS()	STFS()	WTFS()
对方科目发生额函数	DFS()	SDFS()	WDFS()
净额函数	JE()	SJE()	WJE()
汇率函数	HL()		

在生成报表时，可以反复使用已设置的报表计算公式，且在不同的会计期间，可以生成不同结果的报表。而同一报表结构在同一会计日期内多次进行报表生成得到的结果是相同的。如果在报表生成时系统提示公式有误，则必须修改报表格式或公式，修改完毕后，重新进行报表计算，才能得到按新结构生成的财务报表。

大多数报表都与日期有密切联系。在定义报表结构时，可以无日期限制，但是正式报表必须在月末结账以后才能生成。月中生成的报表，只可作为参考。

【步骤】

1. 定义报表计算公式

① 在"存货统计表"窗口中，选定被定义单元"C4"。

② 执行"数据"|"编辑公式"|"单元公式"命令，或者单击工具栏的"Fx"按钮，打开"定义公式"对话框。

③ 在"定义公式"对话框中，单击"函数向导…"按钮，打开"函数向导"对话框。

④ 在"函数向导"对话框中，默认"函数分类"为"账务函数"。

⑤ 在"函数名"列表框中，选择"期初(QC)"，如图6-18所示。

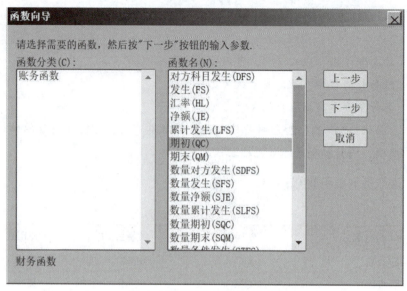

图6-18 "函数向导"对话框

⑥ 单击"下一步"按钮，打开"财务函数"对话框，如图6-19所示。

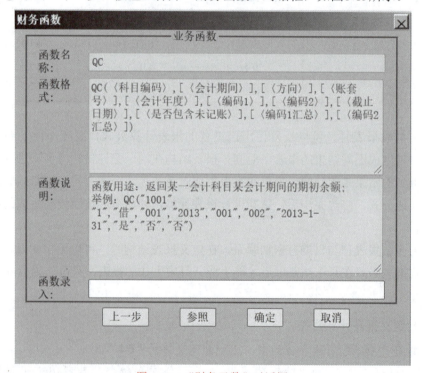

图6-19 "财务函数"对话框

⑦ 在"财务函数"对话框中，单击"参照"按钮，打开"财务函数"参照对话框。

⑧ 在"财务函数"参照对话框中，在"科目编码"框中录入"1402"，如图6-20所示。

项目6　编制财务报表

图 6-20　"财务函数"参照对话框

⑨ 单击"确定"按钮,返回"财务函数"对话框。

⑩ 单击"确定"按钮,返回"定义公式"对话框。

⑪ 检查计算公式后,单击"确认"按钮,C4单元格"1402　在途物资"的取数公式就定义好了。

做中学:

◇ 在录入单元公式时,凡是涉及数学符号的均须录入英文半角字符。

⑫ 重复③~⑪操作步骤,继续定义其他单元的报表计算公式。

⑬ 单击"C8"单元格,单击工具栏的"Fx"按钮,打开"定义公式"对话框。

⑭ 在"定义公式"对话框中,直接录入公式"C4+C5+C6+C7"。同样地,D8的公式为"D4+D5+D6+D7"。

⑮ 选中A9组合单元,在编辑框中的"制表人:"后面录入"钱前",如图6-21所示。

定义报表计算公式

203

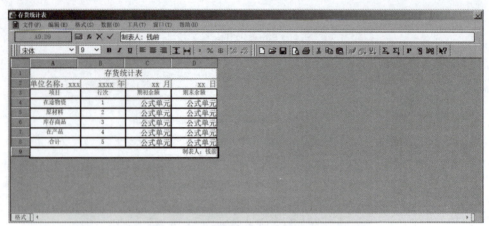

图6-21 完成自定义报表计算公式的设置

2. 生成自定义报表

① 单击左下角"格式"按钮，切换为数据状态，系统弹出"是否需要重算全表？"提示信息，单击"确定"按钮。

② 执行"数据"|"关键字"|"录入"命令，录入"单位名称"为"北京青苹果科技有限公司"；"年"为"2021"；"月"为"1"；"日"为"31"。单击"确定"按钮，生成完整的"存货统计表"，如图6-22所示。

	A	B	C	D
1	存货统计表			
2	北京青苹果科技有限公司	2021年	1月	31日
3	项目	行次	期初余额	期末余额
4	在途物资	1	0.00	150000.00
5	原材料	2	0.00	0.00
6	库存商品	3	100000.00	199000.00
7	在产品	4	150000.00	215683.20
8	合计	5	250000.00	564683.20
9				制表人：钱前

图6-22 生成完整的"存货统计表"

③ 执行"文件"|"保存"命令，打开"保存报表"对话框，保存已生成的存货统计表。

④ 执行"文件"|"退出"命令，退出财务报表系统。

【报告】

本活动的账套数据可通过扫描左侧二维码下载。此数据即可以与当前操作结果进行核对。

生成自定义报表

活动6.3.2 账套数据